Liebe Leserinnen, liebe Leser!

*Der Fotograf **Olaf Meinhardt** aus Kreuzkamp bei Lübeck kennt die Ostsee seit seiner Kindheit. Den Fotoauftrag für diesen Band übernahm er besonders gern, weil ihn seine Familie häufig begleiten konnte.*

*Mecklenburg-Vorpommern gehört zu den Lieblingsregionen der Autorin **Dina Stahn** aus Stuttgart. Besonders gern reist sie im Herbst und Winter an die Ostsee – nicht zuletzt, um dann in den Nationalparks die Vogelwelt intensiv beobachten zu können.*

Mecklenburg-Vorpommern erlebt im Hinblick Tourismus ein Rekordjahr nach dem anderen. 2017 waren rund 7,53 Mio. Besucher und 29,75 Mio. Übernachtungen zu verzeichnen. Während des super Sommers 2018 zeichnete sich dann nochmals ein deutlicher Zuwachs gegenüber dem Vorjahr ab. Natürlich verbrachten die weitaus meisten Gäste ihren Urlaub an der Ostseeküste.

Strände für jeden Geschmack

Wo dort? Das hängt ganz vom persönlichen Geschmack ab, denn die Auswahl ist groß. Immerhin kann Mecklenburg-Vorpommern mit einer mehr als 1700 km langen Küstenzone aufwarten, das entspricht etwa der Entfernung von Rostock nach Rom. Was mich so begeistert, es gibt an der mecklenburg-vorpommerischen Ostseeküste immer noch Gebiete, die vom Tourismus nur wenig vereinnahmt sind, so zeigen sich beispielsweise die Strände des Klützer Winkels nach wie vor naturbelassen, hier kann man auch im Sommer ein stilles Plätzchen finden. Ganz anders natürlich die Szenerie in den traditionsreichen Badeorten auf Rügen und Usedom oder auch in Heiligendamm und Kühlungsborn mit ihrer stilvollen Bäderarchitektur. Überall hat man gute Chancen, das Strandleben auch genießen zu können. Mecklenburg-Vorpommern führt die Statistik „sonnenreichstes Bundesland" häufig an.

Faszination zu jeder Jahreszeit

Doch nicht nur im Sommer lohnt die Region einen Besuch, das ganze Jahr über ist für viel Abwechslung gesorgt. Mit zahlreichen Sehenswürdigkeiten und interessanten Museen punkten die Hansestädte Rostock, Greifswald, Anklam, Wismar und Stralsund, die beiden letzteren können sich gar mit dem Welterbesiegel der UNESCO schmücken. Naturliebhaber kommen in den Nationalparks und Naturschutzgebieten auf ihre Kosten oder bei Wanderungen und Radtouren an der Küste bzw. im Hinterland, einige besonders reizvolle Strecken stellen wir Ihnen in der Rubrik DuMont Aktiv vor.

Herzlich

Ihre

Birgit Borowski

Birgit Borowski
Programmleiterin DuMont Bildatlas

38 Urlaubsvergnügen: Jeder Strandkorb ist eine kleine Welt für sich. Eine rührige Manufaktur auf der Insel Usedom sorgt dafür, dass das auch so bleibt.

54 Natur pur: Die Kreidefelsen auf Rügen bilden den spektakulärsten Abschnitt der Ostseeküste.

96 Erholung pur: Usedoms schöne, weite Strände sind eine ganz eigene Kategorie für sich.

Impressionen

Mecklenburgs Westen · Rostock

Fischland, Darß und Zingst

Stralsund und Greifswald

UNSERE FAVORITEN

BEST OF ...

62 UNESCO-Welterbe: In Stralsund blieb das mittelalterlich geprägte Straßenbild bis heute erhalten.

DuMont Aktiv

Genießen Erleben Erfahren

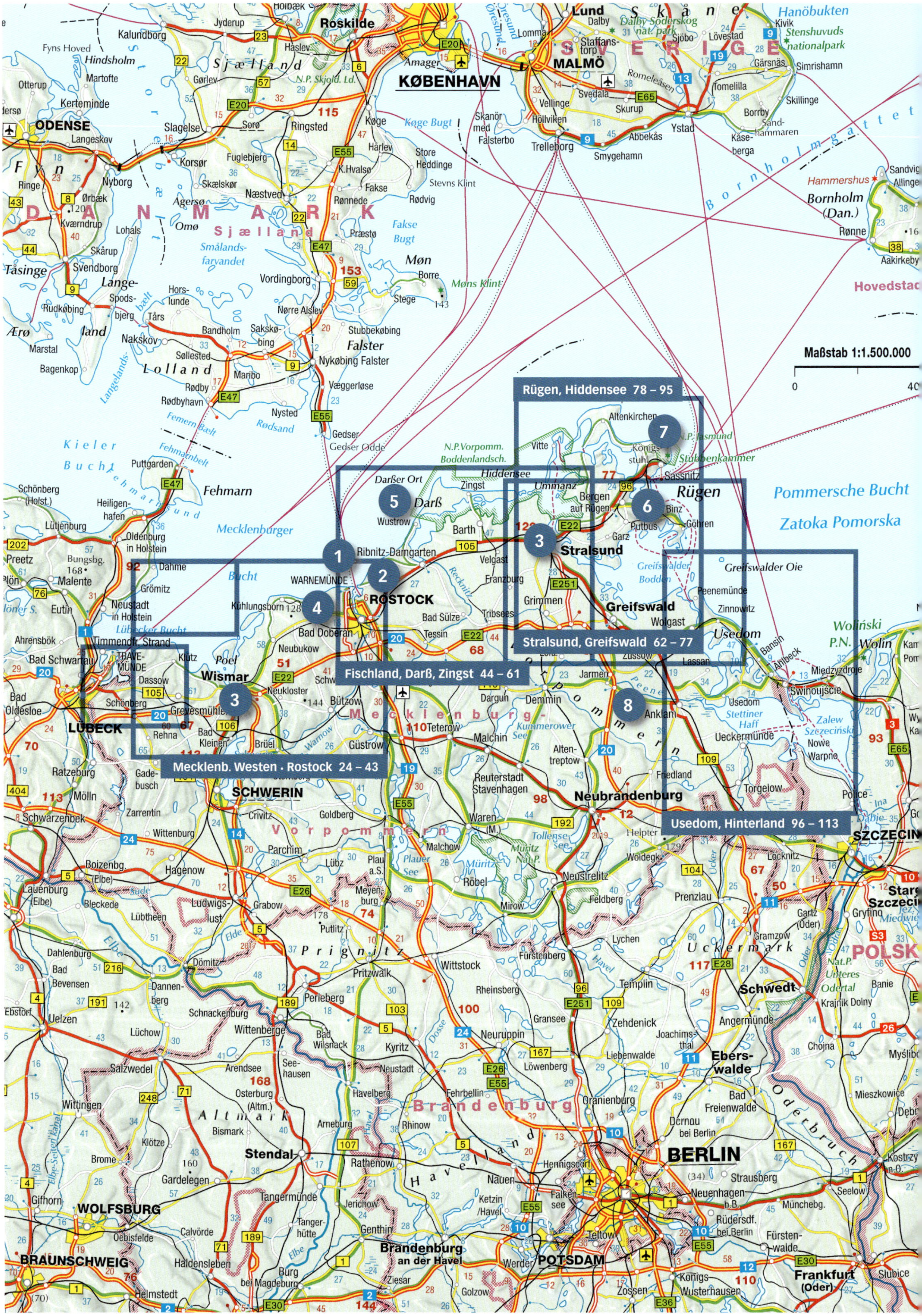

Rügen, Hiddensee 78 – 95
Stralsund, Greifswald 62 – 77
Fischland, Darß, Zingst 44 – 61
Mecklenb. Westen · Rostock 24 – 43
Usedom, Hinterland 96 – 113
Maßstab 1:1.500.000
1
2
3
4
5
6
7
8
KØBENHAVN
MALMÖ
ROSTOCK
Stralsund
Greifswald
Wismar
LÜBECK
SCHWERIN
Neubrandenburg
BERLIN
POTSDAM
SZCZECIN
WOLFSBURG
BRAUNSCHWEIG
Rügen
Usedom
Fehmarn
Pommersche Bucht
Zatoka Pomorska
Mecklenburg-Vorpommern
Brandenburg
D A N M A R K
S V E R I G E
Bornholm (Dan.)

Topziele

Die bedeutendsten Sehenswürdigkeiten der Region und Erlebnisse, die Sie auf keinen Fall versäumen sollten, haben wir auf dieser Seite für Sie zusammengestellt. Auf den Infoseiten ist das jeweilige Highlight als **TOPZIEL** *gekennzeichnet.*

ERLEBEN

1 **Rostocker Hanse Sail:** Beim größten Windjammertreffen der Welt locken über 200 Groß- und Traditionssegler.
Seite 43

2 **Klockenhagens Freilichtmuseum:** Wie lebte es sich vor 200 oder 300 Jahren? In Klockenhagen bekommt man das nicht nur museal, sondern auch zum Miterleben präsentiert.
Seite 59

5 **Ahrenshooper Idylle:** Malerisch zeigt sich das Ortsbild mit rohrgedeckten Häusern, blumenreichen Gärten und Gassen.
Seite 60

6 **In Binz und den Kaiserbädern:** Die Strandbäder auf Rügen und Usedom haben ihre wunderschöne traditionelle Bäderarchitektur erhalten können.
Seite 94 und 111

KULTUR

3 **Wismar und Stralsund wie einst:** Die Altstädte der einstigen Hansemetropolen zeigen viel Mittelalterliches auf Welterbeniveau.
Seite 41 und 75

4 **Bad Doberaner Münster:** Die hochgotische Backsteinkirche gilt als bedeutendstes mittelalterliches Bauwerk Mecklenburg-Vorpommerns.
Seite 41

NATUR

7 **Rügens Kreidefelsen:** Wie schon zu Caspar David Friedrichs Zeiten lassen die hoch aufragenden Kreidefelsen am Königsstuhl auch heute niemanden unberührt.
Seite 94

8 **Auf der Peene:** Mit Kajak, Kanu und Hausboot kann man die einzigartige Flusslandschaft der Peene in aller Ruhe erkunden.
Seite 113

Sommer an der See

In Blau, Weiß und Grün kleidet sich der Sommer an der Ostsee. Viele Küstenabschnitte sind flach, lang gezogen und wie hier beim Ostseebad Baabe auf der Insel Rügen gut zu überschauen. Manchmal wütet aber auch die See und reißt große Stücke der Küste an sich, die sie an anderer Stelle, zu Sand zermalmt, wieder auftürmt.

BAA-03
BAA28
BAA-9

WULFLAM-
STUBEN

Ein Traum in Rot

Nordische Backsteingotik in edelster Ausführung zeigt das Rathaus am Marktplatz von Stralsund. Als repräsentatives Beispiel für das kulturelle Vermächtnis der Hanse, einer historische Vereinigung niederdeutscher Kaufleute, bildet Stralsunds Altstadt mit der von Wismar ein gemeinsames UNESCO-Welterbe.

Vom Zauber der Küste(n)

Deutschlands nordische Küsten stehen in der Gunst der Reisenden ganz oben. Attraktiv sind Rügens Kreidefelsen und Usedoms Sonnenscheinrekorde. Badegäste, Bernsteinsucher und Spaziergänger locken viele Kilometer Strand, so auch hier in Warnemünde.

Giganten der Meere

Das als „Europas Museum des Jahres“ ausgezeichnete Ozeaneum auf der Stralsunder Hafeninsel lädt mit Ausstellungen und Aquarien zu einer spannenden Reise durch die Unterwasserwelt ein. Besucher erleben hier zum Beispiel die weltweit größte Ausstellung zum Thema Wale – mit Nachbildungen der Meeresgiganten in Originalgröße.

HOTEL
NEW ORLEANS
Backfisch
heiß & hausgemacht

Das Erbe der Welt

Entscheidendes Kriterium für die Aufnahme der Altstädte von Stralsund und Wismar als Welterbe der UNESCO war der gute Erhalt der mittelalterlichen Grundrissstruktur. So vermittelt hier das historische Hafenbecken in Wismar ein authentisches Bild vom eigentlichen Rückgrat dieser einstmals stolzen Seehandels- und Hansestadt.

Im Hinterland

Nur wenige Kilometer von der Küste entfernt lässt wie hier in Benz auf Usedom der Touristenandrang deutlich nach. Am Achterwasser und Stettiner Haff, im Peene- und im Recknitztal dominiert Natur, die sich auch in anderen Regionen von Mecklenburg-Vorpommern überaus eindrucksvoll präsentiert.

Vom Strandkorb zur Seebrücke

So manches Fischernest an Mecklenburg-Vorpommerns Küste entwickelte sich in den vergangenen 200 Jahren zum vielbesuchten Seebad. Ein Markenzeichen der Badeorte zwischen Lübecker Bucht und Stettiner Haff sind die Seebrücken (hier im Bild: Sellin). Am Abend verlieren sich die Spuren der Urlauber, Strandkörbe werden zurechtgerückt, das Meer holt sich die Sandburgen zurück; Ruhe kehrt ein.

Die schönsten Schiffstouren

Hinaus aufs Wasser

Die vielen Seiten der Ostseeküste erlebt man besonders gut vom Boot aus: hier die raue, offene See, dort das ruhige Gewässer der Boddenküsten. Wer nicht selber segeln oder rudern mag, fährt auf Fischkuttern, Segelbooten, Ausflugsdampfern und eleganten Schonern mit. Besonders spannend wird's, wenn die Skipper ihre Geschichten erzählen.

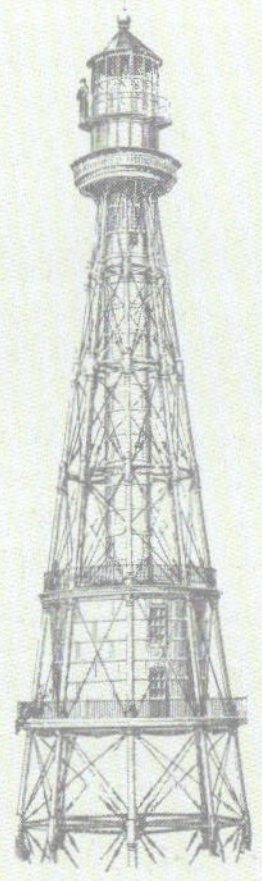

1 Zu den Kreidefelsen

Die schönste Sicht auf die Kreidefelsen von Rügen hat man vom Meer aus. Wer ab Sassnitz mit dem rustikalen, zum Ausflugsschiff umgebauten Fischkutter MS Alexander in See sticht, schippert in gut zwei Stunden die gesamte neun Kilometer lange Kreideküste entlang und wieder zurück. Höhepunkt sind die Wissower Klinken, denen der Maler Caspar David Friedrich ein bleibendes Denkmal gesetzt hat. Abschluss bilden Victoria-Sicht und Königsstuhl. Rügen-Fans fahren zum berühmten Kap Arkona oder buchen eine ca. zehnstündige Fahrt rund um die ganze Insel mit den Adler-Schiffen. Das Schiff startet in Sassnitz, zugestiegen werden kann in Binz, Sellin und Göhren.

MS Alexander, Seetouristik Brauns GmbH, Karlstraße 1, 18546 Sassnitz, Tel. 038392/3 52 25, www.ms-alexander.de

Adler-Schiffe, Hafenstraße 12, 18546 Sassnitz, Tel. 0383/92 31 50, www.adler-schiffe.de

2 Kranich ahoi

Bei jedem Wetter stechen Naturfreunde im Herbst von Zingst (Mi., Fr.), Schaprode (Di., Do.) oder Stralsund (Sa.) zu Kranichfahrten in See. Die Reise durch die einzigartigen Boddengewässer dauert etwa vier Stunden. Während der ca. einstündigen Anfahrt zu den besten Beobachtungspunkten erläutert Karsten Peter vom Kranich-Informationszentrum Groß Mohrdorf multimedial unterstützt alles Wissenswerte rund um die Glücksvögel. Kommen die ersten Kraniche in Sicht, werden Ferngläser gezückt und live beobachtet. Die seichten Boddengewässer sorgen für eine natürliche Barriere, damit kein Boot den empfindlichen Vögeln zu nahe kommen kann. Die Touren sind sehr beliebt (rechtzeitig buchen!). Ferngläser können ausgeliehen werden.

Reederei Hiddensee GmbH, Achtern Diek 4, 18565 Vitte/Hiddensee, Tel. 03831/2 68 10, www.reederei-hiddensee.de, Mitte Sept.–Ende Okt.

3 Segeltörn in der Wismarer Bucht

Der Traditionssegler SS Atalanta ist eine echte Schönheit. Einst diente der 1901 erbaute schnittige Schoner als Lotsenschiff in der Nordsee. Heute betreibt ihn ein Förderverein, der selbst eingefleischte Landratten fürs Segeln begeistert. Die Törns starten ab Wismar bzw. Rostock. Auch zur Hanse Sail nimmt die Atalanta Passagiere mit.

Förderverein Schoner Atalanta e.V., Am Westhafen 5, 23966 Wismar, Tel. 03841/33 41 44 www.ss-atalanta.de

4 Auf Seetierfang

Was tut sich unter Wasser vor den Küsten von Usedom? Das wissen Fischer am allerbesten. Fischkutter Palucca nimmt Gäste mit auf den Fischzug. Die Mannschaft zieht für kurze Zeit ein Schleppnetz über den Grund und hievt alles, was sich darin fängt, aufs Deck. Knurrhähne, Flundern, Steinpicker, Seesterne Sandklaffmuscheln, Krebse und Schnecken: Alles wird genau erklärt. Danach entlässt man die Tiere wieder ins Wasser. Eine schöne Tour auch für Kinder.

Adler-Schiffe GmbH & Co. KG, Seebrücke-Promenade 1 17424 Ostseebad Heringsdorf, Tel. 038378/4 77 90, www.adler-schiffe.de

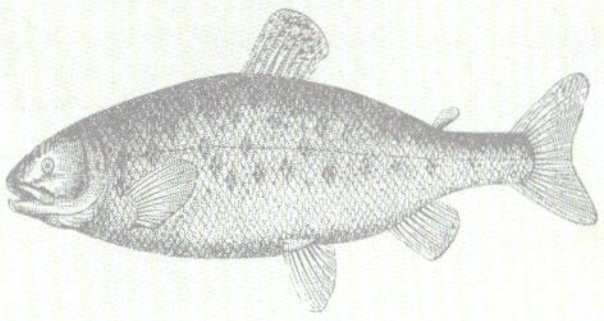

5 Blick auf die Weiße Stadt

Katamarane sind Segelboote mit zwei Rümpfen, die besonders flott auf dem Wasser unterwegs sein können. Ab Bootshafen Kühlungsborn sticht der erfahrene Skipper Jan Grunwald zwischen Mitte Juli und Mitte September jeden Tag auf dem Katamaran „Viamar" in See. Die zweitstündige Tour führt entlang der Küste bei Kühlungsborn zur Weißen Stadt Heiligendamm, an deren Strand Spaziergänger ihre Spuren hinterlassen. Gäste können Champagner schlürfen oder es sich auf den Sonnensegeln gemütlich machen, Mutige steuern selbst.

Jan Grunwald, Holmblick 15, 18225 Kühlungsborn, Tel. 0172/3 04 74 71, www.viamar.de

6 Zu Wasser und zu Lande

Die Dampflok „Rasender Roland" ist eine Berühmtheit auf Rügen. Seit 1895 verbindet die Kleinbahn mehrere Seebäder auf der Insel miteinander. Kombiniert mit den Ausflugsschiffen der Weißen Flotte bietet die Tagestour „Wasser und Dampf" einen erstklassigen Eindruck von Deutschlands größter Insel. Man startet mit der Dampflok in Lauterbach. Zustieg ist bei den Zwischenstopps in Putbus, Binz und Sellin möglich, Ziel ist Baabe. Dort wartet schon die MS Sundevit auf die Passagiere und bringt sie in einer einstündigen Schiffstour entlang der Küste der Halbinsel Mönchgut nach Lauterbach zurück. Wer nicht in Lauterbach bleiben möchte, fährt nun mit der Dampflok nach Putbus, Binz, Sellin, Baabe oder Göhren weiter.

Tour „Wasser und Dampf", Weiße Flotte GmbH, Fährstraße 16, 18439 Stralsund, Tel. 03831/26 81 0, www.weisse-flotte.de

Zwischen Trave und Warnow

Wo Meer und weißer Ostseesand alle Möglichkeiten für einen erholsamen Urlaub bieten, symbolisieren Strandkörbe die Küstenregion. Das Hinterland gehört stillen Genießern, die zu Fuß oder mit dem Rad eine dünn besiedelte Landschaft erkunden. Urbane Zentren der Region sind bis heute die alten Hansestädte.

Zur Hanse Sail zeigt Rostocks Stadtfluss Unterwarnow einen Mastenwald wie zu alten Kaufmannszeiten.

Die Ostseestrände des Klützer Winkels wirken naturbelassen und weitläufig.
Hier an der Grünen Wiek findet man immer noch ein stilles Plätzchen.

In Boltenhagens Marina an der Weißen Wiek fühlen sich
auch die Fischer wohl.

Am Leuchtturm von Timmendorfer Strand auf Poel hat die Seerettung einen Liegeplatz.

Auch wenn sich Boltenhagen an der Weißen Wiek modern und großzügig gibt, im Ortskern zeigt es noch sein traditionelles Gesicht.

Im früheren Junkerland haben längst Sommergäste das Regiment übernommen.

Blau, Grün, Rot sind die Farben von Mecklenburg-Vorpommern: Blau wie das Meer, grün wie der Wald und die Felder, rot wie der Backstein, aus denen viele Kirchen und Kaufmannshäuser errichtet wurden. Das Land hat, was in vielen anderen Gegenden Deutschlands fehlt: Raum zum Atmen, einen Himmel, über den noch Vogelschwärme ziehen, stille Seen, Naturlandschaft, wenig befahrene Alleestraßen, versteckte Dörfer. Kein anderes Bundesland ist so dünn besiedelt. Nur an der Küste nimmt die Zahl der Menschen im Sommer sprunghaft zu. Dann vibrieren die Seebäder vor Leben, und die vierte Charakterfarbe des Landes strahlt verlockend: das Weiß des Ostseesands.

Erfindung des Seebads

Zwischen Klützer Winkel und Warnemünde liegen eine ganze Reihe bedeutender Ostseebäder. „Ferien am Meer" wurden in der Mecklenburger Bucht quasi erfunden: 1793 eröffnete in Heiligendamm das älteste deutsche Seebad, gefolgt von Boltenhagen, wo 1803 der erste Badekarren den Beginn des Bädertourismus aufzeigte. Auch das heute größte Ostseebad liegt in Mecklenburg: Kühlungsborn. Und das jüngste: die Insel Poel, die sich erst seit 2005 mit dem Zusatz „Ostseebad" schmücken darf.

Wismar aus der Asche

In Wismar ist die Stadtgeschichte nicht zu übersehen, so dominant setzen sich hier die Backsteinkirchen und Kaufmannshäuser in Szene. Einige der schönsten Bauten weisen auf die Hansezeit hin, die großen Wohlstand in die Stadt brachte. Ihre zweite Blüte erlebte die Stadt unter schwedischer Herrschaft, die immerhin von 1648 bis 1803 die Geschicke von Stadt und Umland lenkte. Den Spuren des Verfalls, die Weltkriegsschäden und DDR-Restaurierungstau mit sich brachten, wird mit immensem Aufwand Einhalt geboten. Man konserviert, saniert und restauriert; nach der Wende erlebte die Stadt eine beispiellose Renaissance. Doch wo soll man einen Schlusspunkt setzen? Soll jede zerstörte Kirche rekonstruiert werden?

Derzeit ringt die Bürgerschaft um den richtigen Umgang mit der Marienkirche. Nur der schwarzbraune Turm erhebt sich noch und spiegelt Weltkriegswahn wie DDR-Willkür. Denn das Kirchenschiff sprengte man im Jahr 1960, allen Protesten der Bevölkerung zum Trotz.

Verkaufte Insel

In Rerik am Salzhaff geschehen seltsame Dinge. Als in der Goldgräberstimmung nach der Wende Investoren und Spekulanten ins Land strömten, wechselte auch

Wismars Gotteshaus St. Nikolai hat eines der höchsten Kirchenschiffe der deutschen Gotik (oben links). Hinter dem Alten Hafen ragt der mächtige Bau von St. Georgen auf (oben rechts). Das bald 300-jährige Baumhaus an der früheren Einfahrt in den Wismarer Hafen schmücken zwei Schwedenköpfe (unten links). Das spätgotische Wassertor am Hafen ist das letzte von einst fünf Stadttoren in der Mauer des 15. Jahrhunderts; dahinter sieht man den Turm der Marienkirche (unten rechts).

Zu Beginn des 17. Jahrhunderts entstand auf dem Wismarer Markt die Wasserkunst, ein Brunnenpavillon. Dahinter zeigt sich der backsteinerne „Alte Schwede".

Verglichen mit dem ländlichen mecklenburgischen Umfeld wirkt das überschaubare Wismar geradezu wie eine Großstadt.

die Rerik vorgelagerte Halbinsel Wustrow den Besitzer. 1998 ging das ehemalige Militärgelände der Nationalsozialisten an die Unternehmensgruppe Fundus, laut Medienberichten zum Schnäppchenpreis von 7,55 Millionen Euro. Die Räumung von Munition bezahlte der Bund. Fundus will die alte Militärsiedlung abreißen und eine Ferienanlage der Luxusklasse bauen mit Marina, Golfplatz, Reitgelände und allem, was das Herz einer betuchten Kundschaft erfreut. Rund 2000 Menschen sollen sich hier in der Hochsaison erholen – was der Gemeinde Rerik gar nicht passt. Denn der Weg nach Wustrow führt mitten durch den Ort; man fürchtet Lärm und Autoverkehr zum Schaden der Anwohner und der eigenen Feriengäste. Deshalb sperrte die Gemeinde kurzerhand die Zufahrt zur Halbinsel für den Autoverkehr. Und als Baulaster und Bagger nicht mehr rollen konnten, sperrte der Investor im Gegenzug die Öffentlichkeit aus und trennte Wustrow mit einem Zaun von Rerik ab. Wenn zwei sich streiten, freut sich der Dritte – das ist in diesem Fall die Natur, die sich hinterm Zaun Stück um Stück Territorium zurückholt. Die Häuser der Militärs verfallen. Seeadler, Neuntöter und die seltenen Sperbergrasmücken siedeln sich an. Wustrow versinkt wie Dornröschens Schloss hinter einer grünen Wand, ungehindert wächst und wuchert es hier, bröckelt und zerfällt es da.

Tausend Kirchen

Eine der schönsten Backsteinkirchen im ganzen Ostseeraum steht in Bad Doberan. Der mit erlesenen Kunstschätzen ausgestattete Kirchenraum zieht Busladungen von Besuchern an. Was hier golden blitzt und funkelt, galt einst auch als Machtdemonstration. Als Zisterzienser im Jahr 1171 Kloster Doberan gründeten, geschah das inmitten eines feindseligen Umfelds: 1147 hatte Heinrich der Löwe den slawischen Ureinwohnern nach blutigem Ringen das Christentum aufgezwungen, der Zustrom von Bauern aus Nordwestdeutschland besiegelte den Untergang der altslawischen Kultur.

Von dieser Umbruchzeit zeugen viele kleine Dorfkirchen, die auf das 13. Jahrhundert zurückgehen. Je nach finanziellen Möglichkeiten von Gemeinde und Grundherr bestehen diese Kirchlein mal aus rohen Feldsteinen, mal aus Backstein oder aus einer Mischung von beidem. Heute gibt es noch rund 1000 Dorfkirchen in Mecklenburg-Vorpommern, doch viele rotten und bröseln vor sich hin. Dem begegnen engagierte lokale Fördervereine, die nicht unbedingt aus

Erinnerung an eine jahrtausendealte Siedlungstradition: eines der aus tonnenschweren Findlingen errichteten Hünengräber im Everstorfer Forst bei Grevesmühlen.

Nach langer Renovierung öffnete Schloss Bothmer – wie der dazugehörige Park im Besitz des Landes Mecklenburg-Vorpommern – im Mai 2015 erstmals als Museum seine Pforten.

Auf das 14. Jahrhundert geht das Doberaner Münster zurück. Das gotische Schmuckstück war als Klosterkirche der einstigen Zisterzienserabtei errichtet worden.

Eine Kostbarkeit ist der um das Jahr 1300 entstandene Flügelaltar im Münster.

Special

Heinrich Schliemann (1822–1890)

Von Neubukow nach Troja

Eine Gedenkstätte in Neubukow bei Bad Doberan erinnert an den mecklenburgischen Pfarrerssohn Heinrich Schliemann, den Entdecker Trojas.

Im Jahr 1822 in Neubukow geboren, hing der kleine Heinrich an den Lippen seines Vaters, wenn dieser Geschichten aus alten Zeiten erzählte. Er durchstreunte die gesamte Umgebung, die „Hünengräber" weckten seine Begeisterung für die Vorgeschichte. Nach dem frühen Tod der Eltern verließ Schliemann 19-jährig Mecklenburg. Das Ziel: die Neue Welt, Amerika! Doch ein Sturm ließ das Schiff auf der niederländischen Insel Texel stranden. Schliemann blieb in Holland, heuerte in einem Handelskontor an und arbeitete sich zäh nach oben. Er verzichtete auf jeglichen Komfort, um sich mehrere Sprachen und fehlende Bildung anzueignen. Als selbstständiger Kaufmann agierte er mit viel Geschick und Erfolg und machte so in Russland wie in Amerika ein Vermögen.

Im „Herbst seines Lebens" setzte er große Geldmittel ein, um das sagenhafte Troja zu finden. Geleitet von den antiken Angaben des griechischen Dichters Homer, begann er eine Ausgrabung am Schutthügel Hisarlık am Bosporus. Zum Staunen der Fachwelt wurde er fündig. Diese zweifelte lange an, dass es sich bei der bronzezeitlichen Stadt um das antike Troja handelte. Heute steht das fest. Der legendäre „Schatz des Priamos", den er dort im Jahr 1873 ausgrub, kam als Beutekunst nach dem Zweiten Weltkrieg nach Moskau.

Schliemanns Name steht für eine der ungewöhnlichsten Forscherpersönlichkeiten der Archäologie. Im Jahr 1890 starb er in Neapel. Sein Grab befindet sich wunschgemäß in Athen.

religiösen Gründen zur Rettung der Dorfkirchen aufrufen, sondern weil sie ein wichtiges kulturelles Erbe in Gefahr sehen. Nicht immer werden die sorgsam restaurierten Kirchen wieder für den Gottesdienst genutzt. Manchmal steht auch die Kultur im Vordergrund, zum Beispiel für Konzerte in einem eindrucksvollen Rahmen wie in Rerik.

Rose im Hinterland

Unsere Burnout-Gesellschaft wird solche Orte irgendwann zu schätzen wissen, wo die Nacht noch vollkommen still ist und so pechschwarz, dass am Himmel das Sternenband der Milchstraße funkeln kann, wo am Tag Naturgeräusche dominieren anstelle von Techniklärm. Im Mecklenburger Hinterland gibt es solche Orte noch, etwa im Niemandsland zwischen der Autobahn A 20 und dem Meer. Wo die Einheimischen nach der Wende abwanderten, sahen andere eine Chance. Sie verliebten sich in das Land, erkannten die Möglichkeiten und ergriffen sie. Im Fall der Hamburgerin Edda Schütte war es das Gutshaus Groß Siemen, eines der zahllosen heruntergekommenen Herrenhäuser, in denen sich die Dächer durchbogen, die Tapeten von den Wänden hingen, der Stuck von der Decke fiel und im Mauerwerk die Schwalben ein- und ausflogen. Um so ein Projekt zu stemmen, braucht es Begeisterung, Macherqualitä-

Unweit von Bad Doberan entstand Heiligendamm als erstes deutsches Seebad. Bis heute umweht die weißen Pavillons dort hochherrschaftliches Flair.

„Schusters Strandbar" im Schatten des Warnemünder Leuchtturms.

Nur ein paar Schritte von Warnemündes Altem Strom entfernt reihen sich die traditionellen Kapitänshäuser (oben). Strandfreuden warten an der Westmole (unten).

ten – und ein dickes Fell. Denn an allen Ecken und Enden lauerten Überraschungen. So musste die neue Besitzerin von Groß Siemen feststellen, dass sich in der mecklenburgischen Krume nicht nur Regenwürmer fanden, sondern auch die Reste einer Mülldeponie. Ein Schöngeist wäre verzweifelt. Edda Schütte biss sich durch, unterstützt von der ganzen Familie, beseitigte, räumte auf, baute und sanierte, richtete Ferienwohnungen im Herrenhaus ein, pflanzte und schnitt unbeirrt nunmehr 3500 englische Rosen. Das Ensemble aus Herrenhaus, Rosarium und Orangerie erhielt schließlich den Ritterschlag als einer der Spielorte der Musikfestspiele Mecklenburg-Vorpommern.

Vom Winde verweht

Die meisten Einheimischen sind von ruhiger Art, angenehm zurückhaltend, weder überschwänglich noch aufdringlich: Großspurigkeit ist nicht ihre Sache. Auch das Aufbegehren hat in Mecklenburg-Vorpommern keine Tradition. „Sie haben den Protest nicht gelernt“, behaupten Kenner der Landes- und Mentalitätsgeschichte. Das sei geschichtlich begründbar: eine lange Periode der Leibeigenschaft, dann die DDR-Zeit, in der bürgerliches Aufbegehren ebenfalls unterdrückt wurde. Doch es tut sich einiges: So konnte der geplante Windpark vor Kühlungsborn verhindert werden, nur sechs Kilometer von der Küste entfernt. Der freie Blick auf

Modernes wie hier der an einen Schiffsbug erinnernde Bürokomplex AIDA Home auf der Silohalbinsel im Rostocker Stadthafen verbindet sich mit traditioneller Speicherarchitektur.

Daniel Severin ist Küchenchef der Fischbratküche auf dem Rostocker Fischmarkt.

An Rostocks Neuem Markt mit dem Möwenbrunnen steht auch die Marienkirche. Hier mündet die Einkaufsmeile Kröpeliner Straße.

Die autofreie Kröpeliner Straße wurde zur Bummelzone Rostocks. Sie säumen noch schmucke Fassaden aus vergangenen Zeiten.

„Ja. Rostock! Jedem Mecklenburger geht das Herz auf …, wenn von Rostock die Rede ist."

Fritz Reuter (1810–1874)

das Meer am Tag wäre dahin gewesen, nachts hätten Positionslichter geblinkt. „Es gibt Gäste, die suchen sich ihre Unterkunft nach dem Windatlas aus – die wollen keine Windräder sehen", erzählt eine Hotelbesitzerin, die wie viele andere in der Region Unterschriftenlisten ausgelegt hatte, um die erst 2015 zurückgezogenen Pläne zu verhindern.

Ungeachtet dessen bleibt Mecklenburg-Vorpommern aber einer der wichtigen Player im Geschäft mit der Energiewende. Energiekonzerne von überallher rammen ihre Windparks offshore in die Ostsee und auch ins Hinterland. Der stetige Ostseewind begeistert seit Fukushima eben nicht nur Segler und Kitesurfer.

Unter Dampf

Wer zum ersten Mal den Molli sieht, staunt nicht schlecht: Da quetscht sich doch tatsächlich eine Dampflok mitten durch die engen Sträßchen von Bad Doberan, mit gehörigem Geschnaufe und Gezisch. Wie Lukas der Lokomotivführer lehnt sich ein schwarz gekleideter Heizer lachend aus dem Führerhaus, lässt Molli pfeifen, und aus den Waggons werfen fröhliche Fahrgäste Kusshände in die Zuschauermenge. Ein gelungener Auftritt! Die „Mecklenburgische Bäderbahn Molli" verbindet seit dem Jahr 1886 Bad Doberan mit Heiligendamm, seit 1910 fährt die Schmalspurbahn weiter bis Kühlungsborn. Aber wie kam Molli zu diesem Namen? Eine nette, eher nicht wahre Geschichte geht so: Als die Bäderbahn durch Doberan fuhr, riss sich der Mops einer Passantin von der Leine und stürmte auf die Lok zu. Entsetzt rief Frauchen ihm hinterher „Molli, bleib stehen!" Das hörte nicht nur der Hund, sondern auch der Lokführer, trat in die Bremsen – und fortan hieß der Zug Molli.

Verbrieft ist zumindest die Spurweite der Gleise: 900 Millimeter. Die 1905 im Klützer Winkel in Betrieb genommene Schmalspurbahn „De Lütt Kaffeebrenner" braucht 600 Millimeter Spurweite, der „Rasende Roland" braust auf 750 Millimetern über Rügen. Damals baute noch jede Eisenbahngesellschaft ganz so, wie sie es für richtig hielt.

Wo die Aida ablegt

Warnemünde, einst ein Fischernest an der Mündung der Warnow in die Ostsee, hat sich zu Deutschlands größtem Kreuzfahrthafen gemausert. Wenn sich mit der „Aida" die Prominenz unter den Ozeandampfern ankündigt, säumen reihenweise Schaulustige den Fährhafen. Das größte Kreuzfahrtschiff, das je die Warnowmündung angesteuert hat, ist die „Royal Princess". Die beherbergt mit 3600 Passagieren und 1350 Besatzungsmitgliedern fast

Wenn im August die Hanse Sail nach Rostock ruft (siehe auch: „Unsere Favoriten", S. 90/91), folgen Millionen Gäste, um die maritimen Vergnügungen der Hansestadt zu erleben.

Zur Rostocker Universität gehört das Marine Science Center, das mit Hilfe seiner acht Seehunde und einem Seebär die Meeressäuger erforscht. Zugleich will es Forschung und Tiere interessierten Besuchern nahebringen.

Die Hanse Sail vereint Jahrmarktsattraktionen mit Seefahrtsmythen (zu denen untrennbar Piraten gehören) und maritimen Traditionen wie dem gemeinsamen Singen von Shantys.

genauso viele Menschen wie Warnemünde selbst. Dort gingen 2017 rund 900000 Menschen von Bord oder bestiegen hier ihr Schiff. Lieblingsziele aller Gäste sind der Leuchtturm, der „Teepott" (siehe S. 72/73) und der „Alte Strom", wie Warnemündes historischer Hafen heißt.

Hier ankern urige Fischkutter und Jachten. Backfisch-Udo bietet am Kai „Krosse Krabben" an, Möwen lauern auf leichte Beute aus Touristenhand. Die schmucken schmalen pastellfarbenen Kapitänshäuschen am Wasser dienen als Ferienwohnungen. Im Erdgeschoss logieren Kleidergeschäfte, Kneipen, Restaurants, Cafés. Und wer noch kein Buddelschiff erstanden hat, der wird hier fündig.

Tor zur Welt

Rostock, die größte Stadt in Mecklenburg-Vorpommern, ist anderen Gesetzen unterworfen als die Seebäder an der Küste. Die kennen das Auf und Ab von Haupt- und Nachsaison, Rostock lockt das ganze Jahr. Nicht unwesentlich dafür verantwortlich ist die Universität. Sie macht die Stadt für junge Menschen so attraktiv. Rund um den „Brunnen der Lebensfreude" vor der Universität ist bei gutem Wetter immer Hochbetrieb. Und das Kulturangebot ist umfassend wie nirgends sonst im Land.

Im Vergleich mit den anderen Hansestädten schneidet Rostock allerdings schlecht ab. 1677 loderte ein verheerender Brand in der Stadt, über die Hälfte der Bevölkerung kam um. Die stolze Hansemetropole versank in die Bedeutungslosigkeit – leichte Beute für plündernde dänische und schwedische Truppen. Anfang des 19. Jahrhunderts gab der Rat der Stadt grünes Licht für den Abriss von baufälligen Kirchen und Klöstern. Er ließ die Stadtmauern niederreißen, viele gotischen Gemäuer abtragen und Raum für neue Bauten schaffen. Das tut den Freunden der Backsteingotik natürlich in der Seele weh. Denn ein guter Teil des mittelalterlichen Rostocks war damit dahin. Und was den Kahlschlag der gotischen Gemäuer überlebte, ging zur Hälfte im Zweiten Weltkrieg unter.

DIE HISTORIE DES STRANDKORBS

Loblied auf ein Strandmöbel

Wo Strandkörbe stehen, ist die Zivilisation nicht fern. Erfunden wurden die guten Stücke an der Ostsee, und ihre Form hat sich seit über 135 Jahren nicht wesentlich geändert.

Strandkörbe sind der reinste Genuss: Sie schützen vor Ostseewind, praller Sonne, neugierigen Blicken und Frisbeescheiben. Die Polster sind weich, die neigbare Rückenlehne sorgt für Liegekomfort, ein herausklappbares Tischchen erlaubt ein gewisses Maß an Esskultur. Man richtet sich wohlig ein in seiner kleinen Welt mit Zeitung, Handtuch, Sonnencreme und fühlt sich wie auf der eigenen Insel. Eine mobile Insel, die sich am Sonnenstand ausrichten lässt. Nervt der Nachbar, versetzt man sie. Wer Eis holen geht, sperrt sie zu. Kurzum – eine Erfindung, die keiner missen möchte.

Andreas Bartelmann, Nachfahre des Strandkorb-Erfinders, in einer Nachbildung der frühen Modelle.

Geburtsort Rostock

Zwar gab es schon Mitte des 19. Jahrhunderts Strandstühle aus schützendem Weidengeflecht. Als Erfinder des Strandkorbs gilt jedoch der Rostocker Korbmacher Wilhelm Bartelmann. Den Anstoß gab die rheumakranke Elfriede Maltzahn, die einen vor Wind und Wetter schützenden Stuhl erbat. Das Ergebnis, eine Art senkrecht stehender Wäschekorb mit Sitzbrett, hatte seinen ersten Auftritt 1882 am Strand von Warnemünde – mit großer Resonanz. Wilhelm Bartelmann stieg in die Produktion ein, Ehefrau Elfriede in die Vermietung. 1895 erweiterte Johann Falck, Bartelmanns ehemaliger Geselle, das Möbel um eine kippbare Rückenlehne und Platz für zwei Personen: Der Strandkorb hatte zu seiner bis heute unveränderten Grundform gefunden.

Made in Heringsdorf

Einzige verbliebene Strandkorbfabrik an der Ostsee ist das Korbwerk in Heringsdorf. Rund 4000 Strandmöbel werden hier jedes Jahr gefertigt – ab rund 700 Euro und in Handarbeit. Den Billigsegmentmarkt bedient inzwischen längst Ostasien.

Bei einem Gang durch die Korbmanufaktur darf man Nähern, Polsterern, Flechtern und Schreinern über die Schulter schauen. Jeder Korb hat eine solide Basis aus Holz und feuerverzinkten Metallteilen. Statt der Weidenruten kommt heute Kunststoff fürs Geflecht zum Einsatz, pflegeleicht, wetterbeständig und leicht zu verarbeiten. Reichlich ist die Auswahl an Markisenstoffen, Sonderwünsche sind alltäglich. Nicht jeder Strandkorb landet am Strand. In Privatgärten, auf Hotel- und Restaurant-Terrassen, sogar in den Skigebieten der Alpen sind sie zu sehen – als „Sonnenkorb".

Seinen berühmtesten Korb fertigte das Werk für den G8-Gipfel in Heiligendamm. Angela Merkel mit Vladimir Putin, George W. Bush und den anderen Regierungschefs nebeneinander im extrabreiten Strandkorb sitzend – dieses Foto ging um die Welt. Auch der größte Strandkorb der Welt stammt aus Heringsdorf. Zwei Jahre dauerte es von der Planung bis zur „Eröffnung" auf der dortigen Strandpromenade. 91 Menschen finden Platz, natürlich ist WLAN vorhanden.

Fakten & Informationen

Strandkorb-Tagesmiete: 10–18 Euro
Strandkorbvarianten: Ostseestrandkorb mit geschwungenem Seitenteil, Halblieger (Neigungswinkel der Rückenlehne bis 45°), Nordseestrandkorb mit geradem Seitenteil, Lieger (Neigungswinkel der Rückenlehne bis 90°)
Herstellung und Verkauf: Korbwerk Heringsdorf GmbH & Co. KG, Waldbühnenweg 2, 17424 Seebad Heringsdorf, Tel. 038378/46 50 50, www.korbwerk.de; Mo.–Fr. 10.00 bis 18.00, Sa. 10.00–15.00 Uhr, Werksführung ab 10 Personen nach Absprache

Mecklenburger Bucht
Maßstab 1:300.000
0 3 6km
Lübecker Bucht
Wismarbucht
Poel
Insel Poel
Timmendorfer Strand
Travemünde
Lübeck
Dassow
Schönberg
Kühlungsborn
Heiligendamm
Bad Doberan
Warnemünde
Rostock
Wismar
Neubukow
Kröpelin
Neukloster
Schwaan
Bützow
Güstrow
Grevesmühlen
Boltenhagen
Klütz
Salzhaff
Wustrow
Rerik
Sternberger Seenland
Naturpark
Dorf Mecklenburg
Bad Kleinen
Warin
Sagen- und Märchenstraße
1
2
3
4
5

Wo alles anfing

Im Jahr 1793 eröffneten Mecklenburgs Herzöge in Heiligendamm Deutschlands erstes Seebad. Mit dem bildschönen Wismar, Bad Doberan und Rostock bietet die Mecklenburger Bucht viele lohnende Ziele.

1 Klützer Winkel

Der friedliche Klützer Winkel erstreckt sich zwischen Lübeck, Wismar und der Ostseeküste. Hauptort ist Klütz, gebadet wird im Ostseebad Boltenhagen.

SEHENSWERT

Das schmucke Kleinstädtchen **Klütz** zeigt im (um 1890 erbauten) Getreidespeicher eine Ausstellung zum Schriftsteller Uwe Johnson (1934 bis 1984), der den Ort in seinem Roman „Jahrestage" als „Jerichow" verewigte (Vorträge und Lesungen; www.literaturhaus-uwe-johnson.de). **Schloss Bothmer** (1726–1732) ist die größte barocke Schlossanlage Mecklenburg-Vorpommerns. Besichtigt werden können der herrliche Park, die historischen Räume im Schloss und eine Ausstellung über den Bauherrn Graf Bothmer (Nov.–März Sa., So. 11.00–16.00, April, Okt. Di.–So. 10.00–17.00, Mai–Sept. bis 18.00, Juli, Aug. tgl. 10.00–18.00, Park ganzjährig tgl. ab 10.00 Uhr, www.mv-schloesser.de/bothmer).

AKTIVITÄTEN

Die Schmalspurbahn **De Lütt Kaffeebrenner** verkehrt auf 6 km zwischen Klütz und Reppenhagen – bequemer kann man den Klützer Winkel nicht in 50 Min. erkunden (April–Okt., Fahrplan www.stiftung-deutsche-kleinbahnen.de). Wer in Stellshagen aussteigt, bekommt im **Gutshaus Stellshagen** Kaffee und selbst gebackene Torten (tgl. 12.00–17.00 Uhr).

HOTEL UND RESTAURANT

Zum **€€ Landhaus Sophienhof** gehört eine Staudengärtnerei. Im Café gibt es selbst gemachte Kuchen und kleine Speisen in Bio-Qualität (Wismarsche Straße 34, Klütz, Tel. 038825/ 26 70 80, www.landhaus-sophienhof.de).

UMGEBUNG

1803 ließ sich Graf von Bothmer seinen Badekarren bei **Boltenhagen** (nordöstl.) aufstellen und gab damit den Anstoß für die Entwicklung zum Badeort. Es winken 5 km Badestrand und eine Steilküste, die zu Spaziergängen einlädt.

INFORMATION

Stadtinformation Klütz,
Im Thurow 14, 23948 Klütz,
Tel. 038825/2 22 95, www.kluetz-mv.de
Kurverwaltung Boltenhagen, Ostseeallee 4,
23946 Ostseebad Boltenhagen,
Tel. 038825/36 00, www.boltenhagen.de

Blau und Grün mischt sich auch hier in Großklützhoeved bei Boltenhagen.

2 Wismar

Die Altstadt von Wismar (43 000 Einw.) ist gemeinsam mit der von Stralsund UNESCO-Welterbe. Prächtige Backsteinkirchen und Kaufmannshäuser erinnern an die Hansezeit.

SEHENSWERT

Auf dem **Markt** TOPZIEL fällt die 1580 bis 1602 erbaute **Wasserkunst** auf. Das spätgotische **Rathaus** bekam 1819 einen klassizistischen Seitenflügel. Immer gerne fotografiert: der **Alte Schwede**, ein Wohn- und Speicherhaus (um 1380). Von den fünf Stadttoren hat nur das um 1450 im spätgotischen Stil errichtete **Wassertor** am Alten Hafen überdauert. Ringsum liegt eine Reihe Speichergebäude. Der Karstadt-Konzern hat seine Wurzeln in Wismar; Stammhaus war der Jugendstilbau (1908) in der Krämer-/Ecke Lübsche Straße. Vor allem die Krämerstraße säumen viele prächtige Giebelhäuser. Drei monumentale Kirchen gönnten sich die Wismarer im Mittelalter, nur **St. Nikolai** (1380–1508) blieb fast unbeschädigt. Beeindruckend ist der Gang durchs 37 m hohe Mittelschiff. Der gotische Hochaltar stand einst in **St. Georgen**. Diese im Zweiten Weltkrieg zerstörte Kirche wurde ab 1990 wieder aufgebaut. Von der **Marienkirche** blieb nur der 80 m hohe Turm; dort erläutert eine Ausstellung die Techniken des gotischen Backsteinbaus.

MUSEEN

Phänomene rund um Technik und Technikgeschichte vermittelt interaktiv das **phanTechnikum** (Zum Festplatz 3, Tel. 03841/ 30 45 70, www.phantechnikum.de; Di.–So. 10.00–18.00, Juli, Aug. tgl., Nov–März bis 16.00 Uhr). Das 2017 wieder eröffnete **Stadtgeschichtliche Museum** im Schabbellhaus (1569–1571) zeigt 800 Jahre Stadtgeschichte (Di.–So. 10.00–18.00, Nov.–März bis 16.00 Uhr, Schweinsbrücke 8, www.schabbellhaus.de).

HOTEL UND RESTAURANT

Seit über 100 Jahren ist die „Ziege" ein Begriff: Das Gasthaus **€€ To'n Zägenkrog** bietet Fischspezialitäten und ein modernes Appartement-Hotel (Ziegenmarkt 10, Tel. 03841/ 28 27 16, www.ziegenkrug-wismar.de).

UMGEBUNG

Flache Strände im Nordosten, kein Durchgangsverkehr, das zeichnet das Ostseebad **Insel Poel** (2500 Einw.) als Familienurlaubsort aus. **Langenwerder** ist Vogelschutzgebiet.

INFORMATION

Tourist-Information, Lübsche Str. 23a,
23966 Wismar, Tel. 03841/1 94 33,
www.wismar.de

3 Bad Doberan

Der mecklenburgische Großherzog Friedrich Franz I. machte Bad Doberan (12 000 Einw.) im 18. Jh. zu seiner Sommerresidenz. Hauptattraktion ist das Doberaner Münster.

SEHENSWERT

In einem weitläufigen Park erhebt sich das **Münster** TOPZIEL, bedeutendstes mittelalterliches Bauwerk Mecklenburgs und hochgotische Kirche (Urspr. 13. Jh.; 1368 geweiht) des 1171 gegründeten Zisterzienserklosters.

Im Innenraum reiht sich eine kunsthistorische Kostbarkeit an die andere, darunter Deutschlands ältester Flügelaltar (um 1300) und der älteste Sakramentsturm (um 1360). Das Münster diente auch als Grablege der Mecklenburger Landesfürsten, war also geistliches und politisches Zentrum der Region (Tel. 038203/6 27 16, www.muenster-doberan.de; Mai–Sept. Mo.–Sa. 9.00–18.00, So., Fei. 11.00–18.00, sonst bis 16.00 Uhr; Konzerte Juni–Sept. Fr. 19.30 Uhr).

MUSEUM

Einblicke in Landes- und Bäderkunde gibt das **Stadt- und Bädermuseum** (Beethovenstraße 8, Tel. 038203/6 20 26, www.moeckelhaus.de; Mitte Mai–Mitte Sept. Di.–Fr. 10.00–12.00 und 13.00–17.00, Sa., So. 12.00–17.00 Uhr, sonst nur Di.–Fr. 10.00–12.00 und 13.00–16.00, Sa. 12.00–16.00 Uhr).

Oben: „Molli" mitten in Bad Doberan. Rechts: Rostocks gotisch-barockes Rathaus.

Eine der besten Unterkunftsadressen in Warnemünde ist das Strandhotel Hübner.

VERANSTALTUNG

Zwischen Bad Doberan und Heiligendamm liegt auf einem Hügel die **Ostsee Rennbahn.** Im August finden hier manchmal noch Galopprennen statt (www.german-racing.com).

AKTIVITÄTEN

Die **Bäderbahn Molli** schnauft stdl. zwischen Bad Doberan via Heiligendamm nach Kühlungsborn (www.molli-bahn.de).

HOTEL UND RESTAURANT

Einen Genießeraufenthalt versprechen die Ferienwohnungen im **€€ Gutshaus Groß Siemen**, mit Orangerie und Rosarium auch eine Kulisse der Mecklenburger Schlossfestspiele (An der Sieme 13, 18236 Groß Siemen, Tel. 038292/ 82 98 53, www.gutshaus-gross-siemen.de). Ronny Siewert kocht im **€€€€ Friedrich Franz** konstant auf Sterneniveau (Grand Hotel Heiligendamm, Bad Doberan, Prof.-Dr.-Vogel-Straße 6, Tel. 038203/74 00, www.grandhotel-heiligendamm.de; rechtzeitig reservieren). Das **€ Klostercafé** im Doberaner Torhaus bietet hausgemachte Torten und im Klosterladen Klosterspezialitäten sowie regionales Kunsthandwerk (Klosterstraße 1a, www.torhaus-doberan.de; tgl. 10.00–18.00 Uhr).

UMGEBUNG

1793 gründete der mecklenburgische Großherzog Friedrich Franz I. in **Heiligendamm** (6 km nördl.) Deutschlands erstes Seebad. Unverändert gültig ist der Beiname „Weiße Stadt am Meer" – wegen der Farben der klassizistischen Kuranlagen, Villen und Hotels. Die Kunst des Glasblasens wird in **Glashagen** (4 km südw.) aufs Feinste ausgeübt (GLAShagenHÜTTE April bis Dez. Mo.–Sa. 10.00–18.00 Uhr, www.kunstort–glashagen.de). Das **Ostseebad Kühlungsborn** (16 km nordw.) mit langer Strandpromenade und Seebrücke ist das größte Seebad an der Ostseeküste. Der dortige Grenzturm war zu DDR-Zeiten ein Wachturm, heute ist er ein Museum (Ostseeallee 1a, www.ostsee-grenzturm.com; Juni–Sept. Di., Mi., Fr. 14.00–17.00, Okt.–Mai Di. und Fr. 14.00–17.00 Uhr). Die beste Übersicht genießt man vom Leuchtturm „Buk" in **Bastorf** (20 km nordw.); wer mag, kehrt hier in „Valentins Café" ein (www.valentins-cafe.de; Mo.–Fr. 10.00–18.00, Sa., So. bis 19.00 Uhr).
Das am Salzhaff gelegene **Ostseebad Rerik** (22 km westl.) hieß urspr. Alt Gaarz, bis die Nationalsozialisten den Namen 1938 in Rerik änderten. Tatsächlich entdeckten Archäologen 1995 hier Reric, das „Troja der Ostsee", eine bedeutende Wikingersiedlung (8. Jh.). Sehenswert ist die Dorfkirche (um 1270) mit ihrer barocken Innenausmalung und Kanzeluhr, liebenswert das Heimatmuseum gleich gegenüber (Dünenstraße 4; Sommer tgl. 14.00 –17.00, Mitte Sept.–Mitte Mai nur bis 16.00 Uhr).

Tipp

Die verfemte Moderne

Das Kulturhistorische Museum in Rostock zeigt in seiner Dauerausstellung Werke der „Entarteten Kunst". Ab dem Jahr 1937 beschlagnahmten die Nationalsozialisten Kunst, die nicht ihren Vorstellungen entsprach, und verkauften diese. Mittelsmänner waren u. a. Bernhard Alois Böhmer aus Güstrow, dessen Nachlass nach dem Krieg konfisziert und ans Rostocker Museum gegeben wurde. Heute befinden sich davon noch 613 Exponate in seinem Bestand, darunter Werke von Oskar Schlemmer, Otto Dix, Erich Heckel und Christian Rohlfs. Ausstellung und Begleitband geben einen erstklassigen Einblick in die fatale „Kulturpolitik" der Nazis.

INFORMATION

Tourist-Information Bad Doberan und Heiligendamm, Severinstraße 6, 18209 Bad Doberan, Tel. 038203/6 21 54, www.bad-doberan-heiligendamm.de
Touristik-Service, Ostseeallee 19, 18225 Ostseebad Kühlungsborn, Tel. 038293/84 90, www.kuehlungsborn.de

4 Seebad Warnemünde

Warnemündes (6700 Einw.) Herz ist der Alte Strom (Alte Warnow), der hier in die Ostsee mündet, bis 1903 die einzige Schiffszufahrt nach Rostock. Berühmt: die Warnemünder Woche, ein großes Segelsportfestival Anfang Juli (siehe „Unsere Favoriten", S. 90/91).

SEHENSWERT

Viel Publikum flaniert auf der breiten Strandpromenade dem berühmten **Leuchtturm** (1897/1898) entgegen (www.warnemuende-leuchtturm.de; Aufstieg Ostern–Anf. Okt. tgl. 10.00–19.00 Uhr,). Gleich daneben: das ungewöhnlich gestaltete Restaurant **Teepott** (1968). Links führt die **Westmole** 500 m hinaus auf die Ostsee. Am **Alten Strom** reihen sich Kapitänshäuser, Geschäfte, Kneipen und Imbissbuden, im Wasser dümpeln Fischkutter. An der Mittelmole findet tgl. ein Fischmarkt statt. In einem 1767 erbauten Fischerhäuschen ist das **Heimatmuseum** untergekommen und zeigt die Entwicklung vom Fischerdorf zum Badeort (Alexandrinenstraße 31, Tel. 0381/5 26 67, www.heimatmuseum-warnemuende.de; April–Okt. Di.–So. 10.00–17.00 Uhr, Winter nur Mi.–So.).

AKTIVITÄTEN

Am Fähranleger hinter dem Bahnhof legen die **Ausflugsschiffe** zur Hafenrundfahrt und zum Rostocker Stadthafen ab (Tel. 0381/69 99 62, www.rostocker-flotte.de).

HOTEL UND RESTAURANT

Eine der besten Adressen: **€€€€ Strandhotel Hübner** mit Blick auf Meer und Mole (Seestraße 12, 18119 Rostock-Warnemünde, Tel. 0381/ 5 43 40, www.strandhotelhuebner.de). Mit Blick aufs Hafengeschehen sitzt man nett im Bistro **€ La Villa** (Am Bahnhof 1b, Mittelmole, Tel. 0381/5 10 99 44, www.lavilla-warnemuende.de).

INFORMATION
Tourist-Information, Am Strom 59,
18119 Rostock-Warnemünde,
Tel. 0381/3 81 22 22, www.warnemuende.de

5 Rostock

Die größte Stadt Mecklenburg-Vorpommerns (207 500 Einw.) bietet zahlreiche Möglichkeiten für Einkauf und Kulturgenuss. Die 1419 gegründete Universität ist die älteste Nordeuropas. Die **Hanse Sail** TOPZIEL Anf. Aug. zählt zu den größten Windjammertreffen der Welt (siehe „Unsere Favoriten", S. 90/91).

SEHENSWERT
Am Neuen Markt erhebt sich die bedeutende **Marienkirche** (1230); beachtenswert sind die Bronzetaufe (um 1290), die astronomische Uhr (1472) und die prächtigen Altäre. Das **Rathaus** (um 1270) diente im Mittelalter auch als Kaufhaus; 1727 setzte man einen barocken Vorbau vor die gotische Schauwand mit ihren sieben Türmchen. Teile der **Stadtbefestigung** (1350) stehen noch; von den 22 Stadttoren sind vier erhalten, darunter das **Kuhtor** (13. Jh.) und das Renaissance-**Steintor** (1577). Das **Kröpeliner Tor** (1280) beherbergt Ausstellungen zur Stadtgeschichte (Geschichtswerkstatt Rostock, www.geschichtswerkstatt-rostock.de; tgl. 10.00 bis 18.00 Uhr, Fei. geschl.). Von der Fischerbastion im Westen geht der Blick zum Stadthafen mit Speichern und Restaurants sowie zum Museumshafen. Neben dem Steintor befindet sich das ehem. **Ständehaus** (um 1890), ein gewaltiger Historismusbau, Sitz des Oberlandesgerichts. Einen guten Überblick bietet die Aussichtsplattform der **Petrikirche** (14. Jh.). Beispielhaft für die Rostocker Backsteingotik: das **Kerkhoff-Haus** (1470; Kröpeliner Str. 82).

MUSEEN
Größten Zulauf genießt der **Zoo** mit dem Darwineum, 2018 eröffnete hier mit dem Polarium eine neue Heimat für die Eisbären und Pinguine (Barnstorfer Ring 1, www.zoo-rostock.de; tgl. ab 9.00 Uhr). Im ehemaligen Kloster zum Heiligen Kreuz (Urspr. um 1270) zeigt das **Kulturhistorische Museum** mittelalterliche Kunstwerke und Stadtgeschichtliches (Klosterhof 7, Tel. 0381/3 81 45 40, www.kulturhistorisches-museum-rostock.de; Di.–So. 10.00–18.00 Uhr). Vor allem die Wechselausstellungen machen die **Kunsthalle** interessant (Hamburger Straße 40, Tel. 0381/3 81 70 08, www.kunsthallerostock.de; Di.–So. 11.00–18.00 Uhr). Rostocks **Schiffbau- und Schifffahrtsmuseum** schwimmt sogar, ist es doch im Traditionsschiff „Dresden" untergebracht (Liegeplatz IGA-Park, Schmarl-Dorf 40, www.schifffahrtsmuseum-rostock.de; April–Okt. Di.–So. 10.00–18.00, sonst bis 16.00 Uhr).

INFORMATION
Tourist-Information,
Universitätsplatz 6, 18055 Rostock,
Tel. 0381/3 81 22 22,
www.rostock.de

Genießen Erleben Erfahren

DuMont Aktiv

Ein Wandertag am blauen Band

Ein Logo mit blauem Querstreifen auf weißem Grund markiert den Europäischen Fernwanderweg Nr. 9. Das blaue Band verspricht nicht zuviel: In weiten Teilen führt der 400 km lange Weg immer an der Küste entlang, so auch auf dem Abschnitt Kühlungsborn–Warnemünde.

In 14 Tagesetappen bekommen ambitionierte Wanderer die ganze Vielfalt der Ostseeküste zu sehen: offenes Meer, stille Bodden, Seebäder und Hansestädte, Wälder, Sandstrände, Möwen und mit ein bisschen Glück auch Kraniche und Seeadler.

Eine stramme, aber schöne Tagestour führt von Kühlungsborn nach Warnemünde. Immer ostwärts an der Küste entlang bis Heiligendamm sind es sechs Kilometer. Jetzt schon im Grandhotel rasten ist vielleicht zu früh, also weiter aus der Weißen Stadt hinaus. Man streift das Naturschutzgebiet Conventer See und erspäht vielleicht eine Rohrdommel oder einen Fischotter. Nächster Zwischenstopp ist das Seebad Börgerende – wer keine Badehose dabei hat, nutzt den FKK-Strand. Kurz vor Nienhagen erreicht man den Gespensterwald mit vom Wind verformten, skurrilen Buchen, die bis an die Steilküste heranwachsen. In Nienhagen ist Halbzeit. Wer noch durchhält, geht bis zur „Wilhelmshöhe" weiter (ca. 5 Std. ab Ausgangspunkt). Das beliebte Hotel und Restaurant liegt im Vogelschutzgebiet Stoltera. Nun ist es nur noch eine Stunde bis zum Ziel der Wanderung, bis Warnemünde.

Weitere Informationen

Allgemein: Etwa drei Viertel des gesamten E9 sind naturbelassene Wege, der Rest führt über Asphalt. Wenig Steigungen, geeignet auch für ungeübte Wanderer. Die Markierung lässt teilweise zu wünschen übrig, so sind Karten nötig (unter www.auf-nach-mv.de/ostseekuestenwanderweg findet man eine GPX-Datei zum Download).

Jahreszeit: ganzjährig möglich; beste Zeit ist Frühjahr und Herbst.
Bäderbahn: Wer abkürzen will, fährt mit „Molli" ab Heiligendamm zurück nach Kühlungsborn.
Einkehren: Hotel Wilhelmshöhe, Wilhelmshöhe 1, 18119 Warnemünde-Diedrichshagen, Tel. 0381/54 82 80, www.ostseehotel-wilhelmshoehe.de; tgl. ab 11.00 Uhr geöffnet.

FZ31
FZ 69
FZ 4

Von Künstlern und Kranichen

Zwischen Rostock und Stralsund befindet sich die Landschaft in einem unaufhörlichen Wandel. Wind und Wellen formen etwa die Halbinsel Fischland-Darß-Zingst, und die Natur ist noch lange nicht am Ende ihres Werks. Charaktertier der Region ist der Kranich; ein Zugvogel, der hier zu Zehntausenden Zwischenstation macht – an der für die Region typischen Boddenküste, über deren charakteristisch-seichtes Gewässer manchmal noch traditionelle Segler rauschen.

Zeesenboote – benannt nach den hier „Zeese" genannten Schleppnetzen – bei einer Regatta vor Bodstedt.

Das Kunstmuseum von Ahrenshoop erinnert an die Zeiten, als Maler wie Paul Müller-Kaempff von „Dünen, gekrönt von uralten Weißdornbäumen, Stechpalmen und wilden Rosen" schwärmten.

„Worpswede der Ostsee": Ahrenshoop, am Übergang vom Fischland zum Darß gelegen, zeigt sich hier im schönsten Abendlicht.

Kleine Keramikwerkstätten sind typisch für das Fischland.

Wustrow im Schatten seiner in den 1870er-Jahren errichteten Kirche, deren Turm einen weiten Rundumblick erlaubt.

Eine unglaubliche Zahl: 1711 Kilometer misst die Küste Mecklenburg-Vorpommerns – was ungefähr der Entfernung von Rostock nach Rom entspricht. Allein 1357 Kilometer entfallen auf die Boddenküste – eine ursprünglich durch das Eindringen des Meeres in die junge Grundmoränenlandschaft entstandene, seichte, unregelmäßig geformte Szenerie, die sich in ungezählten Windungen hinter der Außenküste dahinschlängelt. Die Vorpommersche Boddenlandschaft steht heute unter Schutz – ihren Anfang nimmt sie an der Halbinsel Fischland-Darß-Zingst.

Eigentlich handelt es sich dabei um drei Inselchen, Fischland, Darß und Zingst, entstanden mit dem Abzug der letzten nacheiszeitlichen Gletscher. Mutter Natur sorgte dafür, dass nach und nach alle Verbindungen zur offenen See versandeten, die Sturmflut von 1872 setzte den Schlusspunkt. Das schwerste hiesige Hochwasser seit Menschengedenken warf dreieinhalb Meter hohe Wellenberge gegen die Küste und schüttete den Prerower Strom zu, der den Darß von Zingst trennte. Fortan hingen die Inseln aneinander fest.

Idylle am Ende der Welt

„Fischerkaten am Saaler Bodden", „Ländliche Hofstelle mit Kornfeld" nannte der Oldenburger Maler Paul Müller-Kaempff seine Werke und unterstrich damit, was die Künstler Ende der 1880er-Jahre in Ahrenshoop suchten und fanden. 1909 bekam die Kunst hier auch eine feste Heimat, als Paul Müller-Kaempff und Theobald Schorn den „Kunstkaten" errichteten. Die Kombination aus inspirierender Idylle weit weg vom modernen Leben mit billiger Kost und Logis zog bald weitere Künstler an. „Und die ehrbaren Ahrenshooper sperrten die sonst mürrisch verschlossenen Mäuler auf, als sie sich und ihre friedfertige Umgebung so unversehens in die Unsterblichkeit versetzt sahen", spöttelte das Berliner Tageblatt 1907.

> „Das war ein Studienplatz, wie ich ihn mir immer gewünscht hatte."
>
> Paul Müller-Kaempff (1861–1941)

„Worpswede der Ostsee"

Heute nennt sich Ahrenshoop gerne das „Worpswede der Ostsee". Nirgendwo sonst ist die Galeriedichte gemessen an der Einwohnerzahl höher als hier. Die heimeligen Reetdachhäuser verraten eine sorgsame Pflege, doch mit der Konservierung des Zaubers klappt es nicht immer. Auch über die jüngsten architektonischen Landmarken an den Ortseingängen kann man geteilter Meinung sein: hier der raumgreifende Glaskoloss des Kurhauses, dort das lehmbraune fensterlose Kunstmuseum. Ein Blickfang ist die Bunte Stube, 1922 im Bauhaus-Stil errichtet. Aus dem früheren Treffpunkt der Maler wurde ein kunterbunter Souvenir- und Buchladen, in dem während der Hauptsaison die Kunden dicht an dicht stöbern, schmökern und einkaufen. Wer Zeit hat, spaziert hinauf zum Bakelberg. Aus der Distanz meint man noch das alte Ahrenshoop zu sehen mit seinen Fischerkaten und Rosenbüschen unter dem Glanz des nordischen Himmels.

Land entsteht, Land vergeht

Eine Hauptattraktion auf dem Darß ist der Gang zum Leuchtturm „Darßer Ort". An schönen Sommertagen wandern ganze Völkerscharen hierher. Man kann es ih-

Zingst ist unter Fotofreunden bekannt für seine Workshops, Ausstellungen und Festivals (oben links: „Erlebniswelt Fotografie"). Prerow liegt an Ostsee und – mit seinem Hafen – am Bodden zugleich (oben rechts). Am Wegkreuz Großer Stern im Darßer Urwald (unten links) trennen sich die Pfade. Der Weststrand zeigt anschaulich, wie das Meer bei rauem Wetter mächtige Stücke aus dem Darßer Dünengrün beißt (unten rechts).

nen nicht verdenken, denn hier bietet sich ein Küstenpanorama, das seinesgleichen sucht. Am Darßer Ort lässt sich die schöpferische Kraft des Meeres erleben: Südlich trägt das Wasser permanent Küste ab, zerwühlt den Strand, reißt den Sand tonnenweise mit sich, unterspült die Wurzeln der gebeugten Küstenkiefern und bringt sie zu Fall. Nordöstlich vom Darßer Ort gibt das Meer seine Beute wieder her, spült Sand in langen zarten Fahnen an und häufelt ihn zu flachen Bänken. Der Wind formt sie zu Dünen, auf denen erst Zwergstrauchheiden sowie lange Jahre später Kiefern, Eichen und Buchen gedeihen – das Land wächst, der Kreis schließt sich.

Am Darß lässt sich besonders gut beobachten, wie die Natur arbeitet.

Auch der 5000 Hektar große Darßwald ist auf diese Weise entstanden. Exkursionen führen regelmäßig in das schummerige Licht unter den Kiefern und Buchen. Noch trägt er den Stempel menschlicher Nutzung. Alte Arbeitswege drücken ihm ein schachbrettartiges Muster auf, frühere Aufforstungen tragen noch den Charakter von Monokulturen. Eines schönen Tages aber soll dieser Wald wieder Urwald sein.

Im Kranichland

Jahr für Jahr lockt der Zug der Kraniche Tausende an die Ostseeküste: Im März und Oktober rastet die unvorstellbare Zahl von über 70 000 Vögeln am Bodden zwischen Zingst und Rügen, insbesondere bei Pramort auf Ostzingst. Mit Ferngläsern und Kameras ausgerüstet, warten Vogel- und Naturfreunde warm eingemummt auf die Dämmerung. Dann ziehen Tausende Kraniche in langen Ketten über den Himmel, untermalt von ihren Trompetenrufen. Das geht unter die Haut. Im Herbst fressen sich die Vögel auf den Boddenwiesen den Bauch voll; Reserven für ihren Flug nach Süden. Im

Das Recknitztal im Süden von Ribnitz-Damgarten ist ein stilles Revier – hier bei Marlow.

Auch in Daskow an der Recknitza zeigt sich das preußische Erbe an den vorpommerischen Dorfkirchen aus dem 19. Jahrhundert.

Gut gesichert durch eindrucksvolle Natur: Paddeln im Recknitztal.

Frühling versammeln sich die Kraniche hier zu ihren Balztänzen. Sie gebärden sich wie Verrückte, steigern sich in einen Furor aus Knicksen, Sprüngen und Flügelschlagen, werfen den Kopf weit in den Nacken und trompeten aus voller Kehle. Ihre Artgenossen können sich dem nicht entziehen, fangen ebenfalls an zu tönen, zu springen und zu wirbeln, alles wogt wie ein Ballett außer Kontrolle. Es dauert, bis der Tanz eines Paares in Harmonie übergeht und sich die zwei wie Spiegelbilder bewegen. Und obwohl

Das stille Hinterland ist noch immer ganz agrarisch geprägt.

Kranichpaare lebenslang zusammenbleiben, werben sie jeden Frühling hingebungsvoll umeinander.

Zwei Welten

„Genau so war es einmal!", wirbt das Freilichtmuseum in Klockenhagen für sich. Bauernhäuser aus ganz Mecklenburg-Vorpommern vereinen sich hier zu einem anschaulichen Ensemble. Unter den mit Reet (hier „Rohr" genannt) gedeckten mächtigen Dächern erlaubt eine detaillierte Schau den Blick ins Leben der Menschen vor rund 100 Jahren. Und das war alles andere als einfach.

Das Museum sortiert sich seit einigen Jahren neu: Mitmachaktionen ziehen Familien an. Kinder dürfen Brot backen, Wäsche waschen wie zu Urgroßmutters Zeiten sowie Schafe und Ziegen füttern. Zwischen den Bauernhäusern, Katen und Pferdekoppeln stehen frühe landwirtschaftliche Geräte.

Ein Schild entlarvt ein rostiges Ungetüm aus Rädern und Schaufeln als Kartoffelpflanzlochmaschine. Der Unterdrehpflug daneben mag einst der Stolz des Hofbauern gewesen sein. Man staunt über frühe Versuche, die harte Feldarbeit weniger mühsam und einträglicher zu machen. Wie enorm weit es Maschinenbau und Ingenieurskunst gebracht haben,

Links oben und unten: Im Freilichtmuseum Klockenhagen darf auch selbst zum Hammer gegriffen werden. Rechts oben: Eine jahrhundertealte Tradition ist das Tonnenabschlagen (siehe „Unsere Favoriten", S. 90/91).

Erinnerung an Wikingerzeiten im Bernsteinmuseum von Ribnitz-Damgarten.

Auch so können Monarchen aussehen: Wer beim Tonnenabschlagen (hier in Born auf dem Darß) den letzten Teil des aufgehängten Fasses herunterschlägt, ist König.

zeigt ein Blick auf die Felder jenseits des Museumszauns, wo GPS-gesteuerte Traktoren das einstige Tagwerk eines mecklenburgischen Bauern in nur wenigen Minuten umpflügen.

Bernstein und Vineta

Die Halbinselkette aus Fischland, Darß und Zingst riegelt heute die Städte Ribnitz-Damgarten und Barth von der offenen See ab. Ribnitz-Damgartens „Goldader" hat aber dennoch engste Verbindungen zum Meer: Bernstein lautet das Zauberwort, das die Gäste magisch anzieht. Im einstigen Klarissenkloster von Ribnitz breitet das Deutsche Bernsteinmuseum seine honigfarbenen Schätze aus. Ebenfalls in der Altstadt haben Bernsteingalerien und die große Schaumanufaktur ihren Sitz. Auch Barth sucht und findet sein touristisches Heil im Zusammenhang mit dem Wasser: Hypothesen, die Vineta, die sagenhafte Hafenstadt, im Barther Bodden und nicht bei Zinnowitz auf Usedom verorten, gaben dem Hype um das „Atlantis der Ostsee" vor Ort reichlich Nahrung. Folgerichtig nennt sich Barth „Vineta-Stadt" und unterhält auch ein kleines Vineta-Museum.

Auf neuen Wegen

Fischland-Darß-Zingst blättert ein breites Spektrum an Gästeunterkünften auf. Ferienwohnungen sind gefragt, die Hoteliers lassen sich immer Neues einfallen. Das „Kurhaus Ahrenshoop" begeistert mit seiner Aussicht aufs Meer. Nebenan im „Hotel Namenlos" und in der „Fischerwiege" begibt sich Besitzer Roland Fischer auf die Spuren der Künstlerkolonie und hängt Originale ins Restaurant wie in die Zimmer. Im Diershagener „Strandhotel Dünenmeer" dürfen Restaurant und SPA erst ab 10 bzw. 16 Jahren genutzt werden. – Kinderfrei? „Natürlich gab's Prügel von der Presse", erinnert sich Marketingchef Michael Lemke. Doch das legte sich rasch. Denn nur wenige Hundert Meter weiter liegt das Schwesterhotel: Das „Strandhotel Fischland" ist ganz auf Familien eingestellt und kinderfreundlich bis ins kleinste Detail – wer als Kind wählen darf, wird gar nicht ins „Dünenmeer" wollen: „Nichtstun ist hier die einzige Pflicht", sagt Lemke übers „Dünenmeer" – für Kinder wohl die Hölle, für urlaubsreife Erwachsene oftmals der Himmel.

DIE NATIONALPARKS

Die Welt am Bo(d)den

Es grenzt an ein Wunder, dass zeitgleich mit der Wiedervereinigung drei große Schutzgebiete für Natur an der Ostsee ausgewiesen werden konnten. Kraniche, Heringe und viele andere Lebewesen profitieren davon, und indirekt auch der Tourismus. Also alles im grünen Bereich?

Schon von außen reizvoll: das Nationalpark-Zentrum Königsstuhl. Rechte Seite: Rügens Kreidefelsen am Kieler Ufer faszinierten zu allen Zeiten.

Es ist in Deutschland außerordentlich schwierig, Landschaften der Nutzung zu entziehen und der Natur zu überlassen. Das war in der DDR nicht anders. Doch mitten in den Wirren der Wende gelang es Michael Succow – Biologe und Agrarwissenschaftler sowie im Jahr 1990 kurzzeitig stellvertretender Umweltminister – mit seinem Team, ein Nationalparkprogramm auf die Beine zu stellen. Klar war, dass das Programm vor dem Inkrafttreten der deutschen Einigung zustande kommen musste; anderenfalls würde die Umsetzung in unerreichbare Ferne rücken. Die Aktion hing also an dem berühmten seidenen Faden. Doch Succow gelang es noch in der letzten DDR-Ministerratssitzung vor dessen Selbstauflösung das Nationalparkabkommen als letzten Tagesordnungspunkt aufrufen und absegnen zu lassen. Es legte drei Nationalparks mit der höchsten Schutzstufe fest, fünf Naturparks und sechs Biosphärenreservate. Am 1. Oktober 1990 trat das Abkommen in Kraft, zwei Tage später, am 3. Oktober, erfolgte die Wiedervereinigung. Die DDR war Geschichte – aber die frisch gebackenen Schutzgebiete hatten Bestand.

2015, ein Vierteljahrhundert nach diesen dramatischen Ereignissen, erhielt Succow für sein „lebenslanges Engagement im Naturschutz" den Ehrenpreis der Deutschen Bundesstiftung Umwelt – und die Naturparks von Mecklenburg-Vorpommern sind ein wahrer Glücksfall für alle nachfolgenden Generationen.

Schutz tut not

Ein Glücksfall ist auch der riesige Zuschnitt des Nationalparks Vorpommersche Boddenlandschaft mit über 800 Quadratkilometern. Hier kann sich die Natur an vielen Stellen völlig ungestört entwickeln, was ein Segen vor allem für die hochempfindlichen Boddengewässer ist. Im flachen Wasser der Lagunen leben Muscheln, Krebse, Schnecken, Heringe und Kleinfische in Massen. Zahlreichen Watvögeln dienen sie als Nahrungsquelle. So ist die Pommersche Bucht das wichtigste Überwinterungsgebiet für Wasservögel der gesamten Ostsee. Jährlich machen hier auch rund sechs Millionen Zugvögel Station, um sich vor dem Weiterzug Reserven anzufressen, darunter etwa 60 000 Kraniche, 15 000 Goldregenpfeifer, 5000 Kiebitze sowie viele Tausende Saat- und Blässgänse.

Ebenfalls unter Schutz stehen seit dem ereignisreichen Jahr 1990 das Gebiet Jasmund auf Rügen inklusive Kreidefelsen und der größte zusammen-

Ablenkungsfutterstellen sollen Fraßschäden in der Landwirtschaft mildern helfen (oben). Pramort ist ein geschätzter Beobachtungsstandort (unten).

Rechte Seite: Die Rügen im Westen vorgelagerte Insel Ummanz gehört vollständig zum Nationalpark Vorpommersche Boddenlandschaft.

Informationen

Nationalpark Vorpommersche Boddenlandschaft
Fläche: 805 km², davon 132 km² Landflächen, 673 km² Wasserflächen (Bodden und Ostsee).
Gebiet: vom Darß bis zur Halbinsel Bug auf der Insel Rügen (www.nationalpark-vorpommersche-boddenlandschaft.de)
Im Nationalpark liegt auch das NABU-Kranich-Informationszentrum Groß Mohrdorf (www.kraniche.de, S. 76).

Nationalpark Jasmund
Fläche: 31 km², davon 24 km² Landflächen.
Gebiet: Höhenrücken der Stubnitz, Steilufer inkl. die am Königsstuhl bis zu 118 m hohen Kreidekliffs, angrenzende Strand- und Uferzone (www.nationalpark-jasmund.de)

Biosphärenreservat Südost-Rügen
Fläche: 228 km², davon 125 km² Landflächen.
Gebiet: Vilm, Region Putbus bis Halbinsel Granitz (www.biosphaerenreservat-suedostruegen.de)

hängende (auch zum Weltnaturerbe der UNESCO gehörende) Buchenwald der deutschen Ostseeküste in Südost-Rügen.

Häufig ziehen Naturschützer, Urlaubsgemeinden und Touristiker an einem Strang. Sie veranstalten und bewerben Exkursionen in die Schutzgebiete, betreiben gemeinsame Naturschutzzentren und machen die Gäste auf die sensiblen ökologischen Zusammenhänge aufmerksam. Keiner, der einmal den Abendzug der Kraniche oder ihren Balztanz auf dem Darß und bei Ribnitz-Damgarten beobachten durfte, reist unbeeindruckt ab. Dennoch stellt der Tourismus auch eine Gefahr dar. Wo Jacht- und Sportboothäfen entstehen, ist für viele Watvögel und andere sensible Arten kein Platz mehr. Jeder Golfplatz entzieht Lebensraum, jedes neue Hotel trägt zur Flächenversiegelung bei.

Die Ostsee leidet

Die Schutzgebiete dienen auch der Forschung. So zählt man Jahr für Jahr akribisch die Kraniche. Lange Zeit stiegen dessen Bestände. Doch die Ornithologen sind beunruhigt. „Der Reproduktionserfolg war in manchen Gebieten schlecht in den vergangenen Jahren", berichtet Dr. Günter Nowald, der das Kranich-Informationszentrum in Groß Mohrdorf leitet. Der Klimawandel führt in den Brutgebieten immer öfter zu sintflutartigen Regenfällen, die Gelege überfluten und frisch geschlüpfte Junge töten. Auch ein kalter Frühling setzt den Kranichen zu. Hunger und Unterkühlung vernichteten die meisten Jungvögel. Vor allem die Landwirtschaft bereitet Sorgen. Wo immer mehr Raps und Mais ganze Landschaften in grüne Wüsten verwandelt, sinken die Chancen für die Kraniche.

Auch die Ostsee leidet. Frischwasser erhält sie vor allem über rund 200 Zuflüsse. Mit dem Wasser strömen allerdings auch Düngemittelreste in die See, die das Algenwachstum fördern. Sterben die Algen ab, entzieht das dem Wasser Sauerstoff. Dem Meer geht die Luft aus. Tatsächlich besteht mittlerweile ein Siebtel der Ostsee aus Todeszonen, in denen schon heute nichts mehr gedeiht.

Anzeige
LEHMENT
DIE HEIMATMARKE
aus Rostock
Mann un Fru
ORIGINAL LEHMENT Rostocker
NACH URALTER REZEPTUR
ORIGINAL
LEHMENT
Rostocker
AQUAVIT
NACH URALTER REZEPTUR
ORIGINAL
LEHMENT
Rostocker
DOPPEL-KÜMMEL
NACH NORDISCHER REZEPTUR
ORIGINAL
LEHMENT
Rostocker
LIKÖR MIT STERNANIS
Wat trink wi nu? Mann un Fru!
www.original-lehment.de
Massvoll-geniessen.de

Maßstab 1:300.000
0
3
6km
Nationalpark
Vorpommersche
Boddenlandschaft
1
2
3
4
5
6
Darßer Ort
Prerow
Zingst
Ahrenshoop
Althagen
Niehagen
Wustrow
Hohes Ufer
Saaler
Bodden
Fischland
Dierhagen
Graal-Müritz
Ribnitz-
-Damgarten
Barth
Grabow
Hiddensee
Kubitzer
STRALSUND
Rehberge
Darß
Wieck a. Darß
Born a. Darß
Bliesenrade
Bodstedt
Pruchten
Bresewitz
Müggenburg
Pramort
Barhöft
Velgast
Richtenberg
Franzburg
Grimmen
Tribsees
Bad Sülze
Marlow
Sanitz
Tessin
Broderstorf
Bentwisch
Rövershagen
Gelbensande
Markgrafenheide
ROSTOCK
Sundhagen
Süderholz
Lindholz
Deutsche Alleenstraße
Schwedenstraße
Rostocker Heide
Gedser
Trelleborg
Helsinki

Im Künstlerwinkel

Die Halbinsel-Kette Fischland-Darß-Zingst gehört zu den Hauptattraktionen Mecklenburg-Vorpommerns. Um das Jahr 1890 herum entdeckten Künstler den Fischlandort Ahrenshoop. Am Darßer Ort darf man der Natur selbst bei der Arbeit zusehen, Zingst prunkt mit seinen Stränden, Ribnitz-Damgarten ist für Bernstein bekannt.

1 Ribnitz-Damgarten

Der Darß war einst die wichtigste Fundstelle für Baltischen Bernstein. Sowohl der Schmuckstein als auch die Segelschiff-Werften haben die Stadt (15 000 Einw.) an der Mündung der Recknitz bekannt gemacht. 1950 schlossen sich das mecklenburgische Ribnitz und das vorpommersche Damgarten zusammen.

SEHENSWERT
Einen Besuch des **Klarissenklosters** (Urspr. 14. Jh.) lohnt wegen der wertvollen Ausstattung der Klosterkirche. Hier befindet sich auch das eindrucksvolle **Deutsche Bernsteinmuseum** (Im Kloster 1–2, Tel. 03821/46 22, www.deutsches-bernsteinmuseum.de; April–Okt. tgl. 9.30 bis 18.00, sonst Di.–So. 9.30–17.00 Uhr). Eine gläserne Produktion mit Bernsteinverkauf bietet die Schaumanufaktur Ostsee-Schmuck (An der Mühle 30, www.ostsee schmuck.de; Mo.–Fr. 9.30–18.00, Sa. 9.30–16.00 Uhr).

UMGEBUNG
Das **Freilichtmuseum Klockenhagen** TOPZIEL vermittelt ein Bild vom Leben an der Ostseeküste in den vergangenen 300 Jahren. Großen Wert legen die Museumsmacher auf ein attraktives Programm für Familien (Mitmachangebote und Schauvorführungen alter Handwerke, Mecklenburger Straße 57, Tel. 03821/27 75, www.freilichtmuseum-klockenhagen.de; Mitte Juni–Mitte Sept. tgl. 10.00 bis 18.00, April–Mitte Juni und Mitte Sept.–Okt. nur bis 17.00 Uhr).

INFORMATION
Touristinformation, Am Markt 14, 18311 Ribnitz-Damgarten, Tel. 03821/22 01, www.ribnitz-damgarten.de

2 Graal-Müritz

Das Ostseeheilbad (4000 Einw.) entstand 1938 aus dem Zusammenschluss der beiden früheren Fischerorte Graal und Müritz. Gekurt wird hier schon seit der Zeit vor 1900.

SEHENSWERT
Die **Seebrücke** wurde 1992 erbaut. Im Mai und Juni blühen über 2500 Büsche im **Rhododendronpark.** Am Wochenende um den 25. Mai steigt hier ein großes **Parkfest** mit Kunsthandwerkermarkt und diversen kulturellen Veranstaltungen (Zarnesweg 3).

Oben: Mit den dickbauchigen Zeesenbooten werden heute vornehmlich Touristen transportiert. Rechts oben: im Rhododendronpark von Graal-Müritz. Darunter: das blaue Leuchten der Ahrenshooper Ortsidylle(n).

AKTIVITÄTEN
Ein wohltemperiertes Meerwasserbecken und eine Saunalandschaft mit Rhassoul und Hamam bietet das **Aquadrom** (Buchenkampweg 9, Tel. 038206/8 79 00, www.aquadrom.net; tgl. 11.00 bis 20.00, Do. ab 10.00 Uhr).

UMGEBUNG
Südl. und westl. erstreckt sich die **Rostocker Heide,** ein rund 6000 ha großes Gebiet mit Mooren, alten Torfstichen und einem ausgedehnten Küstenwald. Für Baumfreunde interessant: alte Eiben, die bis zu 1500 Jahre alt sein sollen. Ein 26 km langer Radrundweg erschließt das Gebiet ab Graal-Müritz bis Klockenhagen. Am Südrand der Heide liegt der Forst- und Köhlerhof Wiethagen, der über alte Waldberufe informiert; ungewöhnlichstes Schauobjekt sind zwei Teeröfen, mit denen man auch Terpentin herstellen kann. Der Köhlershop verkauft Holzkohle und andere nützliche Dinge. Extra für Kinder gibt es einen Märchengarten (Tel. 038202/20 35, www.koehlerhof-wiethagen. de; April–Sept. Di.–Fr. 9.00 bis 17.00, Sa. und So. 10.00–17.00, Okt.–Mitte Dez. Di.–Fr. 9.00–16.00, So. 10.00–16.00 Uhr). Wenn Großherzog Friedrich Franz III. in der Rostocker Heide zu jagen beliebte, machte er gern Station in seinem **Jagdschloss Gelbensande** (1887); heute dienen die original erhaltenen Innenräume als Museum (Mai–Okt. tgl. 10.00–17.00, im Winter 11.00–16.00 Uhr). Stärkung versprechen Restaurant und Konditorei (www.jagdschloss-gelbensande.de).

INFORMATION
Tourismus- und Kur-GmbH, Rostocker Str. 3, 18181 Ostseeheilbad Graal-Müritz, Tel. 038206/70 30, www.graal-mueritz.de

3 Ostseebad Wustrow

Ab 1880 wandelte sich Wustrow (1200 Einw.) vom Fischerdörfchen zum Seebad. Seeleute besuchten die 1846 gegründete Großherzoglich-Mecklenburgische Navigationsschule, die in

Weit schweift der Blick vom Leuchtturm Darßer Ort über die Ebene hinweg.

den Jahren 1969 bis 1992 eine Ingenieurhochschule für Seefahrt war.

SEHENSWERT
1993 bekam Wustrow seine **Seebrücke.** In Barnstorf stehen auf einer Landzunge noch vier malerische mittelalterliche rohrgedeckte **Bauernhäuser**; eines wurde zur Kunstscheune, um wechselnden Ausstellungen einen besonderen Rahmen zu geben (Barnstorf 1, Tel. 038220/2 01, www.kunstscheune-barnstorf.de; Mai–Mitte Okt. tgl. 10.00–13.00 und 15.00 bis 18.00, Weihnachts- und Osterzeit tgl. 11.00 bis 17.00 Uhr).

VERANSTALTUNG
Höhepunkt im Wustrower Festkalender ist die **Zeesenboot-Regatta** am ersten Juli-Sa. (siehe „DuMont-Aktiv" S. 61).

HOTELS
Traumhaft schön gleich direkt hinter den Dünen liegt das **€€€€ Strandhotel Dünenmeer** (Birkenallee 20, 18347 Ostseebad Dierhagen, Tel. 038226/50 10, www.duenenmeer.com) ein komfortables Haus nur für erwachsene Gäste. Das nur 800 m entfernte **€€€€ Strandhotel Fischland** (Ernst-Moritz-Arndt-Str. 6, 18347 Ostseebad Dierhagen, Tel. 038226/520, www.strandhotel-fischland.de) ist ganz auf Familien mit Kindern eingestellt.

INFORMATION
Kurverwaltung, Ernst-Thälmann-Straße 11, 18347 Ostseebad Wustrow, Tel. 038220/2 51, www.ostseebad-wustrow.de

4 Ahrenshoop

Um 1900 wurde Ahrenshoop (640 Einw.) als Künstlerkolonie bekannt. Seither steht hier alles hoch im Kurs, was mit Kunst zu tun hat.

SEHENSWERT
Malerisch zeigt sich das **Ortsbild** TOPZIEL mit reetgedeckten Häusern, blumenreichen Gärten, kleinen Gassen. Die Hauptverkehrsstraße führt mitten durch den Ort, beiderseits zweigen schmale Sträßchen ab, die zu Entdeckungstouren auffordern. Während der Hochsaison ist das Gedränge ziemlich groß. Teure Boutiquen und noch viel teurere Hotels und Restaurants lassen keinen Zweifel: Geld spielt keine Rolle.

Tipp

Fotokunst

Große Zingst-Attraktion ist das **Max Hünten Haus** mit der „Erlebniswelt Fotografie Zingst". Gezeigt werden wechselnde Ausstellungen; wer selbst kreativ werden möchte, bekommt in Foto-Workshops zu Themen wie Natur- und Tierfotografie, Makro, Schwarzweiß und Portraits umfangreiche Kenntnisse vermittelt.

MAX HÜNTEN HAUS
Schulstraße 3, Zingst; Mitte März bis Okt. tgl. 10.00–18.00, sonst bis 17.00 Uhr. Workshops auf www.erlebniswelt-fotografie-zingst.de (Exkursionen zu den Kranichen frühzeitig buchen).

MUSEEN UND GALERIEN
Das **Kunstmuseum** zeigt Werke der Gründergeneration der Künstlerkolonie sowie hochkarätige Wechselausstellungen. Architektonisch orientieren sich die Ausstellungshäuser an den Fischerkaten der Umgebung (Weg zum Hohen Ufer 36, Tel. 038220/6 67 90, www.kunstmuseum-ahrenshoop.de; April–Okt. tgl. 11.00–18.00, sonst Di.–So. 10.00–17.00 Uhr). Der kobaltblau gestrichene **Kunstkaten** geht auf den Gründer der Künstlerkolonie zurück, Paul Müller-Kaempf, der hier 1909 eine Stätte der Begegnung einrichtete, in der sich Künstler und Käufer zwanglos treffen konnten (Strandweg 1, Tel. 038220/ 8 03 08, www.kunstkaten.de). Wechselausstellungen veranstaltet die **Galerie im Dornenhaus** (Bernhard-Seitz-Weg 1, Tel. 038220/8 09 63, www.dornenhaus.de). Wer heute Kunstschaffende kennenlernen will, geht am besten zum Tag der offenen Tür im **Haus Lukas.** Dort zeigen die Stipendiaten ihre Werke, veranstalten Lesungen, Ausstellungen und Performances und plaudern mit Gästen. Das Haus vergibt alle zwei Jahre Stipendien (Dorfstraße 35, Tel. 038220/ 69 40, www.kuenstlerhaus-lukas.de).

EINKAUFEN
Andenken, Schreibwaren, Bücher, Schmuck, schöne Postkarten ergattert man in der **Bunten Stube** (Dorfstraße 24, www.bunte-stube.de; Juli und Aug. Mo.–Sa. 10.00–18.30, So. 13.00 bis 17.00 Uhr, sonst wechselnde Zeiten).

HOTELS UND RESTAURANTS
Beste Aussicht auf die Ostsee bieten die seeseitigen Zimmer im **€€€€ The Grand.** Die Räume sind großzügig, der Service ist freundlich, die Atmosphäre entspannt. Mit Wellness und **Bar Weitblick** auf dem Dachgeschoss (Schifferberg 24, 18347 Ostseebad Ahrenshoop, Tel. 038220/67 80, www.the-grand.de). Kunst ist ein Thema im **€€€€ Hotel Namenlos** (Dorfstraße 44, 18347 Ahrenshoop, Tel. 038220/60 62 00, www.hotel-namenlos.de). Geschmackvoll eingerichtete Räume erfreuen den Gast im **€€€ Charlottenhof.** Im Restaurant wechseln die kleinen Gerichte täglich, die Kuchen sind selbst gemacht (Grenzweg 3, 18347 Ostseebad Ahrenshoop, Tel. 038220/302, www.charlottenhof-ahrenshoop.de). Jeden Tag von April bis Okt. wirft das **€ Räucherhaus** seinen Ofen an, um ihn um 11.30 Uhr zu öffnen. Fischverkauf gleich ab Ofen; im Restaurant isst man gut mit Blick auf den Althäger Minihafen (mit behaglichen Ferienwohnungen, Hafenweg 6, Tel. 038220/69 46, www.raeucherhaus.net).

AKTIVITÄT
Von Ahrenshoop führt ein **Wanderweg** an der Kliffkante entlang über den Bakelberg (17,9 m) nach Wustrow (5 km). Am Hohen Ufer nagt unübersehbar die Erosion.

INFORMATION
Kurverwaltung, Kirchnersgang 2, 18347 Ostseebad Ahrenshoop, Tel. 038220/66 66 10, www.ostseebad-ahrenshoop.de

5 Prerow

Alte Kapitänshäuser, ein herausragender Sandstrand und die Nähe zum Darßwald zeichnen Prerow (1500 Einw.) aus. Besser als am Darß lässt sich nirgendwo sonst das Entstehen der Landschaft beobachten.

SEHENSWERT
Der rund 80 m breite **Strand** und die **Seebrücke** (1993) zieren das alte Fischerdorf. 1728 wurde die **Seemannskirche** errichtet, in der Votivschiffe an das alte Gewerbe erinnern. Rund um Botanik, Geologie und Ornithologie informiert das **Darß-Museum**, das auch eine interessante Haustürensammlung zeigt (Waldstraße 48, April Mi.–So. 10.00–17.00, Mai–Okt. Di.–So. 10.00–18.00, Nov.–März Fr.–So. 13.00 bis 17.00 Uhr).

AKTIVITÄT
Den **Darßer Urwald** erkundet man am besten mit dem Rad. Fahrradvermietungen in Prerow und Zingst (www.fischland-darss-zingst.de).

UMGEBUNG
Das **Naturcum**, Außenstelle des Stralsunder Meeresmuseums, liegt unmittelbar am **Leuchtturm Darßer Ort** (1848) und zeigt eine interessante Ausstellung zur Küstendynamik

Eindrucksvolle Schiffsmodelle gibt es im Museumshof Zingst zu bestaunen.

(www.natureum-darss.de, 8 km nördl. von Prerow, zu Fuß 2 Std., mit Rad oder Kutsche 45 Min.; Mai, Sept., Okt. tgl. 10.00–17.00, Juni bis Aug. bis 18.00, Nov.–April Mi.–So. 11.00 bis 16.00 Uhr). Die ruhigen Dörfchen **Born** und **Wiek** (5 km südl.) liegen an der Boddenseite des Darß. Das Nationalpark- und Gästezentrum **Darßer Arche** informiert über die Lebensräume im Nationalpark Vorpommersche Boddenlandschaft und veranstaltet Exkursionen (Bliesenrader Weg 2, Wieck, www.darsser-arche.de; Juni–Sept tgl. 9.00–17.00, April tgl. 10.00–16.00, Mai, Okt. 10.00–17.00, Nov.–März Do.–Mo. 10.00–16.00 Uhr).

INFORMATION

Kur- und Tourismusbetrieb, Gemeindeplatz 1, 18375 Ostseebad Prerow, Tel. 038233/61 00, www.ostseebad-prerow.de

6 Zingst

Ab 1881 wandelte sich das Fischerdorf zum Ostseebad. Heute ist Zingst (3000 Einw.) das touristische Zentrum der Gegend. Meer und Bodden kommen sich hier recht nah.

MUSEEN

Das **Museum Zingst** informiert über die Ortsgeschichte, stellt die Werke örtlicher Künstler aus und zeigt elf beeindruckende Schiffsmodelle. Nicht verpassen: die Aktionstage (Strandstr. 1, Mai–Okt. tgl. 10.00–18.00, sonst Do.–So. 10.00–16.00 Uhr, www.museum-zingst.de). Im **Experimentarium** lernen Kinder interaktiv allerhand über Wissenschaft und Technik (Seestraße 76, www.experimentarium-zingst.de; Juli, Aug. tgl. 10.00–18.00, April–Juni Di.–So. 10.00–17.00, Winter bis 16.00 Uhr).

UMGEBUNG

Die Inseln **Werder** und **Bock** liegen östlich von Zingst, **Großer Kirr** und **Barther Oie** südlich. Weil hier Zugvögel rasten, allen voran die Kraniche im Bereich Zingst/Bock, zählen die Inseln zu Vogelschutzgebieten von europäischer Bedeutung. Über die Sundischen Wiesen erreicht man den Kranichbeobachtungsstand **Pramort**. Südl. des Boddens liegt das Städtchen **Barth** (8600 Einw.). Es beansprucht wie Zinnowitz, die wahre Vineta-Stadt zu sein. Im alten Rathaus hat das Vineta-Museum seinen Sitz; es informiert u. a. über den Mythos Vineta (Lange Straße 16, www.vineta-museum.de; Di.–Fr. 10.00–17.00, Sa., So. 11.00–17.00 Uhr). Schmuckstück des Niederdeutschen Bibelzentrums St. Jürgen ist eine sehr wertvolle Ausgabe der Barther Bibel (Sundische Straße 52, www.bibelzentrum-barth.de; Di.–Sa. 10.00 –18.00, So. 12.00–18.00, Fei. 14.00–17.00 Uhr).

INFORMATION

Kur- und Tourismus-GmbH, Seestraße 57, 18374 Ostseeheilbad Zingst, Tel. 038232/8 15 80, www.zingst.de
Barth Information, Markt 3/4, 18356 Barth, Tel. 038231/24 64, www.stadt-barth.de

Genießen Erleben Erfahren

DuMont Aktiv

Unter vollen Segeln

Freundlich und vertrauenerweckend wirken die dickbauchigen Boote mit den rotbraunen Segeln. Früher fuhren die Fischer mit ihnen auf den Bodden hinaus, um Aal, Hecht und Barsch zu fangen. Heute schippern sie Touristen entlang der schönsten Stellen der Haff- und Boddenküsten der deutschen Ostsee.

Ein Sommertag wie im Bilderbuch am Althager Hafen bei Ahrenshoop. Über eine breite Planke balancieren sechs Fahrgäste auf das schmucke Zeesenboot am Pier. Wenige Handgriffe des Kapitäns, und schon gleitet der Zweimaster langsam auf den Bodden hinaus. Während der geruhsamen Fahrt vorbei am Uferschilf und hinaus aufs offene Gewässer bleibt Zeit, um über die Geschichte der Zeesenboote und die Fischerei zu sprechen. Um in den flachen Gewässern fischen zu können, verwendeten die Fischer Boote mit sehr geringem Tiefgang. Rund 600 Jahre lang waren die Zeesenboote zwischen Saaler Bodden und Stettiner Haff im Einsatz. Ihre charakteristische Farbe erhalten die Baumwollsegel durchs Imprägnieren mit Lohe, einer Brühe aus Ocker, Holzteer, Eichenrinde und mancherlei anderen Zutaten, wobei jeder Zeesenfischer auf eine eigene Rezeptur schwor.

Mit ihrem breiten Körper wirken die Boote schwerfällig. Masse war auch nötig, um die Schleppnetze (Zeese genannt) durchs Wasser zu ziehen. Doch der Schein trügt. Zeesenboote sind erstaunlich wendig und schnell. Das zeigt so manches Manöver unterwegs. Wie zügig die historischen Segler unter Wettkampfbedingungen sind, kann man jährlich bei der Zeesenbootregatta erleben, bei der die Könner ihrer Zunft gegeneinander antreten.

Weitere Informationen

Mitfahren: Räucherhaus Schönthier, 18347 Ahrenshoop-Althagen, Hafenweg 6, Tel. 038220/69 49, www.raeucherhaus.net
Peter Eymael, Barnstorf 1, 18347 Wustrow, Tel. 0170/2 01 78 16, www.zeesboot.de
Rika Harder, Westklüne 1, 17406 Usedom, Tel. 0173/ 6 07 97 68, www.zeesenboot.de
Weitere Infos bei der Kurverwaltung Wustrow (Tel. 038220 2 51, www.ostseebad-wustrow.de).
Zeesenbootregatta im Sommer: Austragungshäfen sind Althagen, Barth, Bodstedt, Dierhagen, Wustrow und Zingst.

Im Zeichen der Hanse

Stralsund und Greifswald gehörten einst zu den bedeutendsten pommerschen Hansestädten. Während Stralsund vor allem für seine besonders schöne Altstadt berühmt ist, ging Greifswald als Heimatstadt von Caspar David Friedrich in die Geschichte der romantischen Malerei ein.

Blick von der St.-Marien-Kirche auf Stralsunds Altstadt. Neben St. Nikolai ragt der Schmuckgiebel des Alten Rathauses auf.

Blick von der Hafeninsel: Aus dem Stralsunder Altstadt-Dächermeer ragen St. Jacobi (links) und St. Nikolai (rechts) auf.

Gegenüber der mächtigen Kirche St. Nikolai wirken die Häuser am Alten Markt winzig.

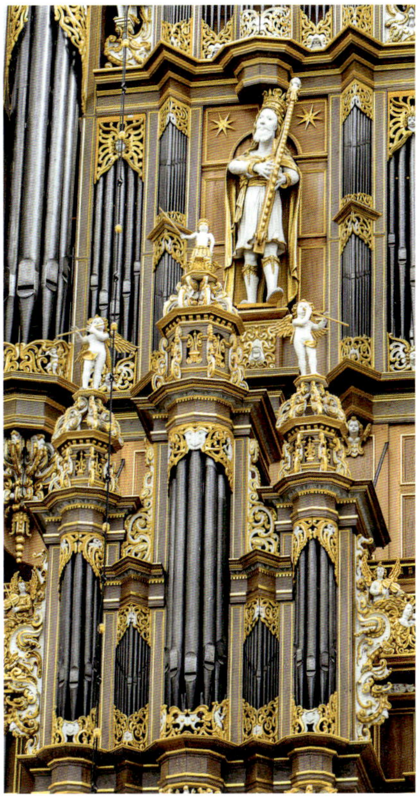

Im Jahr 1659 wurde die Stellwagen-Orgel aus Lübeck eingebaut: St. Marien in Stralsund.

Aus der Knieperstraße erhascht man diesen schönen Blick auf einen der gotischen Rathausgiebel.

Eine „Meerstadt ist Stralsund, vom Meer erzeugt, dem Meere ähnlich, auf das Meer ist sie bezogen in ihrer Erscheinung und in ihrer Geschichte".

Ricarda Huch (1864–1947)

Dort, wo die Küstenlinie scharf Richtung Südosten abknickt und der Strelasund die Insel Rügen vom Festland trennt, liegt Stralsund. Vom Meer aus orientierten sich Seeleute viele Jahrhunderte an der Skyline der alten Hansestadt: rechts die Nikolaikirche, links die monumentale Kirche St. Marien und in der Mitte St. Jakobi, deren Turmspitze von vier kleinen Türmchen flankiert wird. Wichtigste Zutat des 20. Jahrhunderts zur Skyline sind die Werften, die im Osten Landmarken setzten.

Am Alten Markt

Wahrzeichen der Stadt ist das Backstein-Rathaus aus dem 13./14. Jahrhundert mit seinem Schaugiebel aus schmalen, spitzen Pfeilern und Rosetten, Durchbrüchen und getreppten Giebeln. Fast fühlt man sich an ein Spitzentüchlein erinnert, in Backstein übersetzt. Nicht weniger filigran der Schaugiebel des Wulflamhauses gleich gegenüber. Bertram Wulflam, langjähriger Bürgermeister, geschickter Diplomat und schwerreicher Tuchhändler, erbaute es im Jahr 1358. Vom Fenster aus sah er auf die Buden der Bäcker, Schuster, Krämer, Schneider und Pelzer, um die sich die kauflustige Kundschaft von weither drängte. Auf dem Marktplatz wurde Recht gesprochen, stellte man Gesetzesbrecher an den Pranger oder hängte sie sogar auf. Im Dritten Reich marschierten Nazis auf, in der DDR parkten hier Trabis. Heute beginnen am Alten Markt die Touristen, sich durch die Gassen treiben zu lassen, um dort die Backsteingotik zu bewundern und ein wenig Hanseflair zu schnuppern.

Perfekte Netzwerker

Stralsund trägt wie Rostock und Wismar die Farben Rot und Weiß im Wappen, die Farben der Hanse. Von den gut gesicherten Häfen aus stachen dickbauchige Koggen in See, um im Ostseeraum sowie darüber hinaus Handel zu treiben. Aus den Wäldern Nordrusslands, aus Persien und später aus China bezogen die Kaufleute Getreide und Holz, Bienenwachs und feinste Pelze. Im Gegenzug lieferten sie Tuche, Waffen, Gewürze und Wein.

Der Ostseeraum gilt als Kernland der Hanse und Lübeck als erste Hansestadt. Damit die Schiffe voller Waren landen konnten, bedurfte es sicherer Häfen. Einen solchen konnte auch Stralsund bieten, das zur bedeutendsten Hansestadt nach Lübeck aufstieg. 1249 brannten die Lübecker die alte Konkurrentin noch nieder. Dann erkannte man, dass ein Bündnis mehr Vorteile bietet. 1293 schlossen beide Städte mit Rostock, Wismar, Greifswald und anderen Ostseestädten

Stralsunder Altstadtensemble mit Blick auf St. Jacobi (oben links). Unter dem Bug der „Gorch Fock" zeigt sich das Lotsenhaus von 1901, in dem heute das Hafenamt untergebracht ist (oben rechts). Bei einem Besuch in der Störtebeker Braumanufaktur gibt es diesen historischen Sudkessel zu sehen (unten links). In den backsteingotischen Räumen des einstigen Katharinenklosters haben auch das Deutsche Meeresmuseum und sein Finnwalskelett ein geeignetes Domizil gefunden (unten rechts).

Mit einer gelungenen Mischung aus Bar, Club und Rockschuppen hat sich die „Werkstatt" auf der Stralsunder Hafeninsel in der Szene etabliert.

Special

Fischspezialität

Bismarcks leckerer Hering

Fangfrisch, sofort mild und sauer eingelegt in einer wohlmundenden Marinade aus Zwiebeln, Senfkörnern und Lorbeerblättern, Essig und Öl – das ist der Bismarckhering, wie man ihn überall kennt und schätzt.

Von der Entstehung des Bismarckherings handeln diverse Anekdoten. Eine davon spielt in Stralsund. Dort soll Karoline Wiechmann, die Ehefrau des Fischhändlers Johann Wiechmann, das Rezept kreiert haben. Ihr Gatte hatte offenbar ein gutes Händchen fürs Marketing und verschickte im Jahr 1871 Otto von Bismarck ein Fässchen, verbunden mit der Bitte, der Spezialität den Namen des damaligen Reichskanzlers geben zu dürfen. Bismarck kostete – und stimmte zu.

Heute stellt Fischhändler Henry Rasmus (Abb. rechts) in der Stralsunder Heilgeiststraße 10 nicht nur den Bismarck-Hering nach dem Originalrezept von 1871 her, sondern hält die Tradition aufrecht, Politikern dieser Welt ein Fässchen von diesem Hering zu schenken. Angela Merkel, George W. Bush und François Hollande durften schon eines in Empfang nehmen.

einen Vertrag zu gegenseitigem Beistand gegenüber Piraten, anderen Städten – und Landesherren. Die ungeheuren Summen, die die „Pfeffersäcke" verdienten, investierten sie auch zur Ehre Gottes – beispielsweise in Stralsunds mächtige Kirchen, die an Schönheit, Ausstattung und Größe ihresgleichen suchen.

Silber des Meeres

Der frühe Vormittag ist die beste Zeit für einen Hafenbesuch. Dann liegen die Stralsunder Fischkutter wieder am Pier. Schweigsame Männer mit rissigen Händen und wettergegerbten Gesichtern sortieren, was ihnen in Stellnetz oder Reuse ging: Hering, Dorsch (auch Kabeljau genannt), Zander, Barsch, eine Extra-Wanne für den sich noch windenden Aal. Auf der Kaimauer steht ein grober Tisch, wo ihre Frauen in Gummischürzen den Fang ausnehmen und verkaufen. Die rußig-schwarzen Räucheröfen sind angeheizt, sorgsam nebeneinander aufgereiht hängen die Fische im offenen Rauch. Schon zum Frühstück verspeist man hier Fischbrötchen. Zwischen zwei Brötchenhälften bleibt von der Schönheit eines Herings nicht viel übrig. Nur unter Wasser schillert und glänzt er in allen Farben von purpur bis grünlichblaugrau. Sammeln sich Hunderte, Tausende im Schwarm, wirkt dieser wie

Blick auf die moderne Greifswalder Hafenfront am Hansaring. Die „Dicke Marie" (links) ist die älteste der Stadtkirchen. Weiter rechts ragt der Greifswalder Dom auf, das städtische Wahrzeichen.

Die Gemäldegalerie des Pommerschen Landesmuseums ist in dem klassizistischen, nach Caspar David Friedrichs Zeichenlehrer benannten Quistorp-Bau untergebracht.

Der Greifswalder Dom St. Nikolai hat seinen Ursprung im 13. Jahrhundert.

Im Jahr 1887 entstand im Greifswalder Vorort Wieck diese Klappbrücke nach holländischem Vorbild.

flüssiges Silber, eine lebendige Masse aus Leibern, die sich im vollkommenen Gleichklang bewegt. Im Stralsunder Ozeaneum haben sie das „Silber des Meeres" eingefangen und einem Heringsschwarm ein riesiges Schaubecken gegeben.

Aquarium der Superklasse

Zwischen Backsteinspeichern aus alter Zeit erhebt sich am Hafen ein weißer Bau mit vielen Rundungen, das zum Deutschen Meeresmuseum gehörende Ozeaneum. In den 50, zum Teil riesigen Aquarien tummeln sich keine Exoten, sondern Meeresgetier der Nord- und Ostsee und aus dem Polarmeer. 2,6 Millionen Liter fasst allein das Becken „Offener Atlantik"; es zieht sich über zwei Etagen. Fasziniert bestaunen die Besucher die Welt der Dorsche, Flundern und Lippfische. Petermännchen wühlen sich in den Sand des Wattenmeerbeckens. Der 2,5 Meter lange Sandtigerhai zieht im Schwarmfischbecken seine Bahnen. In Zeitlupentempo bewegen sich zarte Ohrenquallen durch ihr Becken. Sie gehören zu den heikelsten Schützlingen des Ozeaneums, ihre Wasserwelt muss in ständiger Bewegung gehalten werden. Auch Kaltwasserkorallen werden in eigens dafür gebauten Aquarien gezeigt.

Damit jeder Bewohner gut gedeiht, muss die Wasserqualität stimmen. Das wird eigens angemischt und penibel kontrolliert. Ein falscher Handgriff kann zum Massensterben führen. Auch zur Kombination der Arten gehört Sachkenntnis: Den Besuchern soll ja nicht das große Fressen vorgeführt werden. Lieblinge des Publikums sind die Humboldt-Pinguine auf der Dachterrasse. Anders als im Zoo kann man sie auch unter Wasser beobachten und erkennt, mit welcher Eleganz sich die am Land so plump wirkenden Tiere hier bewegen.

Das Ozeaneum zeigt die größte Ostseeausstellung Europas.

Kinderstube der Heringe

Im zeitigen Frühjahr stehen die Fischer unter Hochspannung. Wann werden die großen Heringsschwärme in den Greifswalder Bodden ziehen? Zum Ablaichen steuern die Fische aus der gesamten westlichen Ostsee diese flachere Gewässerzone an. Dann schlägt die Stunde der Fischer von Usedom, Rügen und Greifswald. Was sich in Stell- und Schleppnetz verfängt, transportiert man zu einem großen Teil ins EuroBaltic-Fischwerk in Sassnitz auf Rügen. Hier werden in Europas modernster Fischverarbeitung von 200 Arbeitern pro Jahr 50000 Tonnen Hering filetiert, mariniert oder schockgefrostet. Doch wie sieht die Zukunft aus? Im Jahr 2017 arbeiteten an der Ostseeküste noch gut 200 Fischer hauptberuflich, die Tendenz ist stark fallend. Anders als bei den Hobbyfischern: Auf dem Rügendamm stehen täglich bis zu 400 dicht an dicht und holen sich die Heringe – frei von allen Bestimmungen, die Berufsfischer einschränken. Deren Fangquoten werden von der Europäischen Union Jahr für Jahr neu festgelegt und oft nach unten korrigiert, um der Überfischung vorzubeugen. Für 2019 steht ein Herings-Fangverbot im Raume.

Geht es den Fischern „nur" um ihre berufliche Existenz, kämpfen die Unterwasserbewohner ums nackte Überleben. Ihre Ostsee ist mittlerweile das schmutzigste Meer der Welt. Flüsse tragen Dünger und Pestizide aus der Landwirtschaft ins Wasser; Müll, Öl, Gift und Dreck werden direkt und unverdrossen eingeleitet, allen Beschränkungen zum Hohn.

Der Skulpturenpark in Katzow bei Wolgast präsentiert Zeitgenössisches (oben links). Weit reicht der Blick vom Turm der Wolgaster Petrikirche – im Vordergrund das Rathaus (oben rechts). In den Ruinen des spätmittelalterlichen Klosters (unten links und rechts) findet das Eldenaer Jazzfestival einen stimmungsvollen Rahmen.

Auch die vielen Vergnügungsdampfer, Sportboote, Angler und nicht zuletzt der Ausbau der Ostsee als Plattform für erneuerbare Energie machen dieses Meer als Lebensraum zunehmend schwierig.

Geburt der Romantik

Pommern ist die Wiege der romantischen Malerei in Deutschland, zwei ihrer wichtigsten Vertreter sind hier geboren: Caspar David Friedrich (1774–1840) in Greifswald und Philipp Otto Runge (1777–1810) in Wolgast. Friedrich ist der weit populärere, seine Kreidefelsen auf

„Der Maler soll nicht bloß malen, was er vor sich sieht, sondern auch was er in sich sieht."

Caspar David Friedrich (1774–1840)

Rügen und die (mit sechs weiteren Werken des Malers in der Greifswalder Gemäldegalerie zu sehende) „Ruine Eldena im Riesengebirge" kennt quasi jedes Kind. Einsamkeit, Melancholie, das Ausgesetztsein in einer zweifelhaften Welt sprechen aus diesen Bildern. Das Schicksal hat es mit dem Sohn eines Seifensieders nicht gut gemeint. Mal lobten die Kritiker seine Werke überschwänglich und der Geldstrom floss, mal folgte der Verriss. Friedrich galt als menschenscheu und starb verarmt mit 64 Jahren in seiner Wahlheimat Dresden.

Der Reedersohn Philipp Otto Runge studierte wie Caspar David Friedrich in Kopenhagen und Dresden. Vor allem seine Portraits, Blumenbilder und Scherenschnitte sind berühmt. Was wenige wissen: Er verfasste auch Gedichte. Goethe förderte den Künstler, dessen Werke er „zum Rasendwerden, schön und toll zugleich" fand, und fügte mit dem ihm eigenen Weitblick hinzu: „Wer so auf der Kippe steht, muss sterben oder verrückt werden, da ist keine Gnade." Tatsächlich wurde Runge nur 33 Jahre alt. Er starb an Tuberkulose.

MODERNE ARCHITEKTUR

Ein Ufo am Strand

Backsteingotik und Bäderarchitektur sind wichtige architektonische Höhepunkte an der Ostseeküste, aber nicht die einzigen. Auch die Baukunst im 20. und 21. Jahrhundert setzt Akzente. Weltniveau erreichten die Bauten von Ulrich Müther.

Zum Architekturklassiker wurde der Warnemünder „Teepott" (unten), zu einem Ort, an dem sich Paare das Ja-Wort geben, der Binzer Rettungsturm (oben). Beides sind Bauten von Ulrich Müther.

Eine international renommierte Legende unter den ostdeutschen Architekten ist der in Binz auf Rügen geborene Ulrich Müther (1934 bis 2007). Mit seinen futuristischen „Hyparschalen-Konstruktionen" prägte er die Architektur der Nachkriegsmoderne. In der DDR „Sonderbauten" genannt, entfernen sich seine Bauwerke aus Stahl, Beton und Schalentragwerken weit von der ansonsten vorherrschenden sozialistischen Stilrichtung: Neben deren tristen Plattenbauten brauchte man irgendetwas, „das ein wenig Schwung hat", erklärte Müther selbst dazu.

Außerirdisches am Strand

Große Glasflächen, selbsttragende Decken und organisch geschwungene Konturen verleihen Müthers Bauten Leichtigkeit und Extravaganz. Berühmtestes Beispiel ist der „Teepott" gleich neben dem Leuchtturm von Warnemünde. Müther formte aus drei Betonschalen ein bis zum Boden reichendes Dach, durchgehende Glasfronten bildeten die Wände. So gelang ihm ein muschelartiger Baukörper, der inzwischen zum Wahrzeichen avancierte. Aber es geht noch futuristischer. Das bewies Münther mit seinem kleinsten Bauwerk, dem 1981 errichteten Rettungsturm in Binz. Das zart-weiße Gebilde mit den rundlichen Fenstern erinnert an die Landekapsel von Außerirdischen.

Zitierte Tradition

Im Hafen von Stralsund hat man sich getraut, zwischen die Kulisse aus roten Backsteinspeichern einen schneeweißen Stahlbetonbau zu schieben, das 2008 eröffnete Ozeaneum. Seine äußere Hülle in Form von organisch geschwungenen Bändern besteht aus weiß beschichteten Stahlplatten, wie sie im Schiffsbau verwendet werden. Für den Bau erhielt das Stuttgarter Architektenbüro Behnisch bedeutende Auszeichnungen.

Extravagante Entwürfe

Wo, wenn nicht in dem Künstlerstädtchen Ahrenshoop, sollte man ebenfalls moderne Würfe wagen? Der extravaganteste Bau, geplant vom Nürnberger Architekt Roland Nörpel, ist hier allerdings ein Privathaus – eine Architektur-Skulptur zum Wohnen, deren Wände bis zum Boden mit Reet verkleidet sind. Wer das halbrund gekrümmte, von einer Glaskuppel überdachte Gebäude betrachten will, muss über den Gartenzaun schauen.

Das 2013 im selben Ort eröffnete Kunstmuseum orientiert sich von der äußeren Form her an historischen Fischerhäusern. Fensterlos wirkt das Ensemble sehr verschlossen, doch im Innern bleibt umso mehr Platz für die Kunstwerke. Die gesamte Außenhaut der fünf Gebäude ist aus einem Guss, Dächer und Wände überzieht eine eigens gefertige Messingverkleidung in Schlammbraun.

Da fand man in Zingst gefälligere Lösungen und verkleidete das 2011 eröffnete Max Hünten Haus für Fotografie mit Lärchenholzlamellen. So fügt sich der Bau harmonisch in den traditionellen örtlichen Bautypus ein.

Harmonisch integriert sich das Stralsunder Ozeaneum in die historische Hafenarchitektur. Das Museum besteht aus vier amorph geformten Gebäudeteilen, die an (vom Wind aufgeblähte) Segel erinnern und durch ein lichtdurchflutetes gläsernes Foyer miteinander verbunden sind.

Auf einen Blick

Bauwerke von Ulrich Müther an der Ostseeküste (Auswahl):
1966 „Inselparadies" Baabe (Fritz-Reuter-Weg 21)
1967 ehem. Bushaltestelle, Binz (Kreisverkehr Proraer Chaussee/Dollahner Straße)
1967/1968 „Teepott" Warnemünde (Seepromenade 1)
1968 „Ostseeperle" Glowe (Hauptstraße 65)
1981 Rettungsturm Binz (Strandzugang 6)
1987 Musikpavillon Sassnitz, Strandpromenade

Ozeaneum Stralsund (s. S. 75)
Kunstmuseum Ahrenshoop (s. S. 60)
Max Hünten Haus Zingst (s. S. 60)

Nationalpark Vorpommersche Boddenlandschaft
Maßstab 1:280.000
0
3
6km
OSTSEE
Rügen
Südost-Rügen
Biosphärenreservat
Rügischer Bodden
Greifswalder Bodden
Kubitzer Bodden
Jasmunder Bodden
Schmale Heide
Naturpark
STRALSUND
GREIFSWALD
Bergen auf Rügen
Putbus
Binz
Sellin
Göhren
Wolgast
Grimmen
Sundhagen
Süderholz
Gingst
Garz/Rügen
Lubmin
Zinnowitz
Peenemünde
Karlshagen
Greifswalder Oie
Deutsche Alleenstraße
Schwedenstraße
Eisenbahn- und Technikmuseum Rügen
Historisch-Technisches Informationszentrum der Raumfahrt (Raketenbau)
Maritim Museum
Jagdschloss Granitz
Inselparadies
Hanse Dom
Meeresmus.
Tierpark
Marienkirche
Klosterruine
St. Petri-Kirche
Fährhafen Sassnitz
Klaipėda

Perlen der Hanse

Stralsund und Greifswald waren einst die beiden bedeutendsten und reichsten Hansestädte Vorpommerns. Noch heute sind die prächtigen Kirchen und Bürgerhäuser im Stil der Backsteingotik ebenso ein Tourismusmagnet wie hervorragende Natur- und Kunstmuseen.

1 Stralsund

Der mittelalterliche Stadtkern der einstigen Hansestadt (59 000 Einw.) ist fast vollständig erhalten und zählt zusammen mit der Altstadt Wismars zum UNESCO-Weltkulturerbe. Am Ufer des Strelasunds liegt die fast vollständig von Wasser umgebene Altstadt. 1234 erstmals erwähnt, trat die Stadt 1293 der Hanse bei und stieg zu einem der mächtigsten Handelszentren des Ostseeraums auf. 1628–1814 gehörte Stralsund zu Schweden, ab 1815 zu Preußen. Während der DDR-Zeit ein wichtiger Werftstandort, wurde die Volkswerft in der Nachwendezeit insolvent und 2014 von einem russischen Unternehmen übernommen. Die Schiffsbauhallen dominieren gemeinsam mit den Türmen der Altstadtkirchen die Skyline der Stadt. Eine gut sichtbare Landmarke bildet auch der 128 m hohe Pylon der 4,1 km langen Rügenbrücke. Sie führt von Stralsund nach Rügen.

Ganz oben: Hafen und Altstadt von Stralsund. Darunter: Blick in die Kapitänskajüte der Gorch Fock I in ihrem Heimathafen Stralsund. Rechts: das gotische Stralsunder Rathaus.

SEHENSWERT

In der **Altstadt** **TOPZIEL** hat sich ein reiches Ensemble an Gebäuden aus vielen Epochen erhalten. Eines der berühmtesten Fotomotive ist das **Rathaus** mit seiner Schaufront aus Türmchen, getreppten Giebelchen und Rosetten; 20 Jahre lang wurde das Prachtstück saniert. An der Rückfront öffnet sich eine zweischiffige Laubenhalle, an die sich eine überdachte Passage anschließt. Sie bietet, wie die Arkaden auf der Marktseite, diversen Läden Raum. Die prachtvollen Kellergewölbe dienen Veranstaltungen. Nebenan erhebt sich **St. Nikolai**, die älteste Kirche von Stralsund (1270–1350); der Südturm trägt nach einem Brand eine barocke Haube, der Nordturm blieb ohne Turmaufsatz. Wie gut es einst der Stadt ging, zeigt sich an der Innenausstattung der Kirche, zu ihrer Zeit eine der reichsten Nordeuropas: 56 Altäre befanden sich hier! Weiter beachtenswert: die Astronomische Uhr (1394) und die frühromantische Buchholz-Orgel (1841). Ein Juwel der Backsteingotik ist das **Wulflamhaus** von 1358 (Alter Markt 5). Das **Katharinenkloster**, 1251 von Dominikanern gegründet, ist heute Sitz des Kulturhistorischen Museums – beim Besuch einen Blick auf den gotischen Kapitelsaal werfen! Wuchtig-monumental wirkt die **Marienkirche**, ein Backsteinbau aus dem 15. Jh. mit eindrucksvollem Westwerk. Das Mittelschiff ist 96 m lang und 32 m hoch, was einen gewaltigen Raumeindruck erzeugt. Ausdrucksstark sind auch die mittelalterlichen Gewölbemalereien in den Säulenzwickeln. Konditionsstarke erklimmen den Turm. Am **Stadthafen** ist immer etwas los. Morgens verkaufen die Fischer ihren Tagesfang und frischen Räucherfisch, tagsüber und abends lockt die muntere Kneipenszene. An Zeiten, als noch Segler die Meere befuhren, erinnert das einstige **Segelschulschiff „Gorch Fock I“**. Es liegt an der Fährbrücke vor Anker und kann besichtigt werden. Wer sich traut, klettert auf den Großmast hinauf und schaut sich die Welt aus 12 m Höhe an (www.gorchfock1.de; Mitte März–Okt. tgl. 10.00 bis 18.00, Nov.–Mitte März. nur bis 16.00 Uhr).

MUSEEN

Was tummelt sich in Nord- und Ostsee? Die Aquarien und Dauerausstellungen des **Deutschen Meeresmuseums** geben Auskunft. Größtes Ausstellungsstück ist ein Finnwal-Skelett (Katharinenberg 14–20, Tel. 03831/ 2 65 02 10, www.meeresmuseum.de; tgl. 10.00 bis 17.00 Uhr, Nov.–März Mo. geschl.). Am Hafen liegt das bereits als Europas Museum des Jahres ausgezeichnete **Ozeaneum**. Der weiße, rundliche Bau umfasst 50 Aquarien mit mehreren Tausend Fischen, darunter eigene Becken für den Heringsschwarm, für Rochen, Haie, Kraken und viele andere Kaltwasserbewohner. Auch Arten wie der Seeteufel, an deren Haltung sich sonst kein Aquarium traut, werden hier in einem 200 000-Liter-Becken gezeigt (Hafenstraße 11, Tel. 03831/265 06 10, www.ozeaneum.de; tgl. 9.30–20.00, Okt.–Mai bis 18.00 Uhr). Um Meeres- und Fischereiforschung sowie Schifffahrt dreht sich alles im **Nautineum** (Zum kleinen Dänholm, www.meeresmuseum.de/nautineum; Mai–Okt. Di. 10.00–16.00 Uhr, Nov.–April geschl.). Im Katharinenkloster zeigt das **Kulturhistorische Museum** viele bedeutende Exponate zur Geschichte der Stadt, außerdem nautische und astronomische Instrumente, eine herausragende Paramentensammlung (mittel-

Über den Dächern der Stadt: Pinguin-Fütterung im Stralsunder Ozeaneum.

alterliche Priesterkleider), eine Gemäldesammlung, u.a. mit Werken von Caspar David Friedrich sowie den prächtigen Sanzkower Altar von 1525. Im Klausurgebäude werden die beiden bedeutendsten Stücke des Museums im Original gezeigt: der Goldschatz von Hiddensee und die Goldreifen von Peenemünde, beides aus der Wikingerzeit (Mönchstraße 25–28, Tel. 03831/25 36 17, www.stralsund-museum.de, Di.–So. 10.00–17.00 Uhr). Im **Museumshaus** zeigt eine vorbildliche Ausstellung, was sich innerhalb der letzten 600 Jahre unter dem Dach dieses Krämerhauses tat (Mönchstraße 38, Tel. 03831/25 36 17, www.stralsund-museum.de, Di.–So. 10.00–17.00 Uhr). Das **Marinemuseum** auf der Insel Dänholm beim Rügendamm zeigt Interessantes rund um die Seefahrt und was sich auf den Schiffswracks in den Gewässern der Umgebung so alles fand (www.stralsund-museum.de, Mai-Okt. Di.–So. 10.00–17.00 Uhr). Wie wurden einst Spielkarten hergestellt? In der **Spielkartenfabrik Stralsund** wird dies an historischen Maschinen demonstriert (Katharinenberg 35, Tel. 03831/70 33 60, www.spiefa.de; Mo.–Fr. 11.00–13.00 und 15.00–19.00 Uhr).

VERANSTALTUNGEN

Das **Theater Stralsund** bietet gehobene Kultur (Tel. 03831/2 64-0, www.theater-vorpommern.de). Lustig-lärmiges Großereignis sind die **Wallensteintage** Ende Juli (siehe „Unsere Favoriten", S. 90/91).

AKTIVITÄTEN

Hafenrundfahrten sowie **Törns** nach Rügen und Hiddensee bietet die Weiße Flotte an (Tel. 03831/2 68 10, www.weisse-flotte.com). Spaß und Erholung bietet das **Erlebnisbad HanseDom** (Grünhufer Bogen 18–20, Tel. 03831/ 3 73 30, www.hansedom.de; So.–Do. 9.30–21.00, Fr., Sa. bis 22.00 Uhr). Wer ein kühles Nass anderer Art bevorzugt, nimmt an einer Führung in der **Störtebeker Braumanufaktur** teil. Das Bier wird seit 1827 in Stralsund gebraut. Mit Shop und solider Brauereigaststätte (Greifswalder Chaussee 84–85, Tel. 03831/25 50, www.stoertebeker.com; Führung mit Verkostung nach Anmeldung). Direkt am Wasser entlang führt ein **Radweg** von der Altstadt aus in Richtung Halbinsel Devin zum dortigen Naturschutzgebiet. Orchideenwiesen, Trockenrasen, Moore, dazu der Blick auf Rügen zeichnen diese schöne Landschaft aus. Der Radweg ist Teil des Ostseeküstenradwegs.

RESTAURANTS

Original Stralsunder Bismarckhering, hergestellt aus Ostseehering nach altem Rezept, verkauft und serviert **€ Fischhandel und Räucherei Henry Rasmus** (Heilgeiststraße 10, Tel. 03831/28 15 38; s. Special S. 67). Unkompliziert essen in netter Atmosphäre, das bietet die bei Stralsundern beliebte **€ EssBar** gleich hinter der Nikolaikirche, wo Gitti Karkhof für eine Küche mit italienischem Einschlag sorgt (Kleinschmiedstraße 22, Tel. 03831/29 81 76, www.essbarstralsund.de, So., Fei. Ruhetag).

UMGEBUNG

Jedes Jahr rasten im Rügen-Bock-Region genannten Gebiet Tausende Kraniche. Dieses Schauspiel zieht Fotografen und Vogelfreunde in Scharen an. An mehreren Beobachtungsständen informieren die Ranger des NABU-Kranichzentrums **Groß Mohrdorf** (21 km nordw.) rund um den Vogel; außerdem gibt es im Zentrum eine Ausstellung über die „Glücksvögel". Wo genau sich wie viele Kraniche befinden, erfährt man tagesaktuell. Das Zentrum unterhält Ablenkfütterungen, die Landwirtschaftsschäden verringern sollen und perfekte Beobachtungsbedingungen für Besucher darstellen (Lindenstraße 27, Tel. 038323/8 05 40, www.kraniche.de; März, April tgl. 10.00–16.00, Mai bis Juli, Mo.–Fr. 10.00–16.00, Aug tgl. 10.00 bis 16.30, Sept., Okt. tgl. 9.30–17.30 Uhr).

INFORMATION

Tourismuszentrale, Alter Markt 9, 18439 Stralsund, Tel. 03831/2 46 90, www.stralsundtourismus.de

2 Greifswald

Von 58 000 Einw. sind 10 300 Studierende an der 1456 gegründeten Universität, was für eine lebendige Atmosphäre in der Stadt (Stadtrecht 1250) sorgt. Als Ergebnis des Westfälischen Friedens war Greifwald nach dem Dreißigjährigen Krieg bis 1815 schwedisch. Der wohl bedeutendste Maler der Romantik, Caspar David Friedrich (1774–1840), wurde hier geboren.

SEHENSWERT

Penibel restaurierte mittelalterliche Altstadthäuser säumen den denkmalgeschützten **Marktplatz** mit dem roten **Rathaus** (um 1250, 18. Jh.). Östl. steht die **Marienkirche** (13. und 14. Jh.), wegen ihres gedrungen wirkenden Turms auch „Dicke Marie" genannt, westl. liegt der Fischmarkt, an den der **Dom St. Nikolai** (um 1650 umgebaut, neugotische Innenausstattung) mit seinem schlanken Westturm anschließt. An die **Ernst-Moritz-Arndt-Universität** zieht es nicht nur Studierende, sondern auch Kunstfreunde, die einen Blick in die spätbarocke Aula werfen wollen (Domstraße 11, www.uni-greifswald.de; nur mit Führung). Nördl. der Altstadt fließt der Ryck; hier lohnt der Besuch des **Museumshafens** mit vielen Fischkuttern, Zeesenbooten, Fischbuden, Kneipen. Obwohl heute wenig romantisch inmitten eines Wohnviertels gelegen, lohnt ein Abstecher nach **Eldena** (Wolgaster Landstraße, Rtg. Wolgast). Caspar David Friedrich hat die Ruine des einstigen Zisterzienserklosters (1191 gegründet, 1534 aufgelöst) mehrfach gemalt und damit weltbekannt gemacht. Bei **Wieck** führt eine Holzklappbrücke über den Ryck.

MUSEEN

Das **Caspar-David-Friedrich-Zentrum** pflegt das Erbe des Greifswalder Malers in der ehem. Seifensiederei seiner Eltern (Lange Straße 57, Tel. 03834/88 45 68, www.caspar-david-friedrich-gesellschaft.de; Juni–Okt. Di.–So. 11.00–17.00, Nov.–Mai Di.–Sa. 11.00–17.00 Uhr). Mehr Werke dieses Künstlers zeigt die Gemäldegalerie des **Pommerschen Landesmuseum**, das sich auf ein Ensemble aus vier Gebäuden verteilt, um die Geschichte und Kunst des pommerschen Raums widerzuspiegeln (Rakower Straße 9, Tel. 03834/8 31 20, www.pommersches-landes

Tipp

Malerische Orte

Der **Caspar-David-Friedrich-Bildweg** führt vom Zentrum aus quer durch Greifswald über Kloster Eldena bis zum Pommerschen Landesmuseum (Abb. unten: Foyer im Hauptgebäude). Zwischenziele sind 15 Orte, an denen der Maler einst seine Staffelei aufgestellt hatte. Besonders schön: der ehem. Treidelpfad entlang dem Ryck.

WEITERE INFORMATIONEN UNTER
caspar-david-friedrich-greifswald.de

museum.de; Mai–Okt. Di.–So. 10.00–18.00, sonst Di.–So. 10.00–17.00 Uhr).

VERANSTALTUNG
Am ersten Juli-Wochenende steigen die **Eldena Jazz-Evenings** (www.jazzingreifswald.de).

INFORMATION
Greifswald-Info, Rathaus, Am Markt 17, 17489 Greifswald, Tel. 03834/85 36 13 80, www.greifswald.info

3 Wolgast

Mit dem Runge-Museum und einem verschönerten Hafen macht sich Wolgast (12 200 Einw.) für Gäste attraktiv. Bald 350 Jahre lang war die 1123 erwähnte Stadt Residenz des Wolgaster Zweiges der Herzöge von Mecklenburg; ab 1625 bis 1814 war auch sie schwedisch.

SEHENSWERT
Viele brausen auf dem Weg nach Usedom auf der Bundesstraße 11 durch die Stadt und überqueren dabei die eindrucksvolle blaue Klappbrücke (1994) über die Peene, ohne einen Blick auf die hübsche **Altstadt** zu werfen; dominiert von der **Petrikirche**, einer Backstein-Basilika aus dem 14. Jh. und Grablege der letzten pommerschen Herzöge. Beachtenswert: die mittelalterliche Totentanz-Darstellung im Kirchenschiff. Der Turm kann bestiegen werden (www.kirche-wolgast.de; Mai–Okt.). Im Barock erhielt das Wolgaster **Rathaus** sein heutiges Aussehen.

MUSEEN
Das **Rungehaus** zeigt Werke des berühmten Malers (Kronwiekstraße 45, Kontakt und Öffnungszeiten wie Museum Kaffeemühle). Stadtgeschichte ist Thema im **Museum Kaffeemühle** (Rathausplatz 6, Tel. 03836/20 30 41, www.museum.wolgast.de; April–Okt. Di.–Fr. 11.00–18.00, Sa. und So. 11.00–16.00 Uhr).
Bei der Eisenbahndampffähre im Museumhafen handelt es sich um die weltweit älteste erhaltene ihrer Art. Die **„Stralsund"** (1890) konnte auf 32 m Gleis drei bis vier Eisenbahnwagen sowie 300 Passagiere transportieren.

HOTEL UND RESTAURANT
Das Hotel **€€ Der Speicher** auf der Schlossinsel bietet bildschöne und allergikerfreundliche Doppelzimmer. Speisekarte und Ambiente des zugehörigen Restaurants sind eindeutig maritim angehaucht (Hafenstraße 22, 17438 Wolgast, Tel. 03836/23 18 91, www.speicher-wolgast.de).

UMGEBUNG
7 km westl. liegt der **Skulpturenpark Katzow** mit über 100 Werken bekannter Künstler (Dorfstraße 45, 17509 Katzow, www.skulpturenpark-katzow.eu).

INFORMATION
Tourist-Information, Rathausplatz 10, 17438 Wolgast, Tel. 03836/60 01 18, www.stadt-wolgast.de

Genießen Erleben Erfahren

DuMont Aktiv

Auf Bernstein-Jagd

Bernstein ist das viele Millionen Jahre alte Harz von Nadelbäumen. Die fossilen Brocken, die als Schmucksteine sehr gefragt sind, werden oft nach heftigen Stürmen an den Strand gespült. Dann ist die „Jagd „eröffnet.

Wenn im Frühjahr und Herbst die Stürme über die Ostsee fegen, sind anderntags die Chancen besonders groß, am Strand die begehrte honigfarbene Kostbarkeit zu finden. Bernstein sammeln ist ein beliebtes Vergnügen und macht Riesenspaß, auch wenn man keinen Bernstein findet. Denn irgendein interessantes Strandgut ist am Ufer immer zu entdecken.

Doch wie erkennt man das „Gold des Nordens"? Ganz einfach: Bernstein ist deutlich leichter als richtige Steine und schwimmt im hochkonzentrierten Salzwasser. Reibt man ihn an der Kleidung, zieht er Papierschnipsel und Fusseln an, da er sich, anders als Steine, elektrostatisch auflädt. Zwar brennt der „Börnstein" – „bern" kommt vom niederdeutschen Wort „börnen", brennen –, aber mit der Flammenprobe beschädigt man das gute Stück auch. Routinierte Bernsteinsucher haben ein Eimerchen und eine Harke bei sich – die Harke dient dazu, Muscheln wegzuräumen. Die spült es nach Stürmen mitunter in großer Zahl an den Strand. Und wer weiß, was darunter liegt?

Besonders „fündig" wird man zwischen Strandgut, das leicht ist, also altes Holz. Ein großer Teil des Bernsteins wird aber gar nicht aus dem Wasser geschwemmt, sondern liegt oder treibt noch im Meer. Um diese Stücke zu bergen, nehmen versierte Sammler einen Kescher mit engen Maschen und flacher Stirnseite und ziehen diesen am Meeresgrund entlang. Wichtig für den Erfolg ist auch der Blick für Bernstein, nicht anders als beim Pilze-Suchen.

Weitere Informationen

Als beste **Fundorte** an der Ostsee gelten die Strände der Region Usedom über Rügen und Hiddensee bis an den Darß.
Bernsteinmuseen befinden sich in Ribnitz-Damgarten und Sellin.

PALMENGARTEN
SEEBRÜCKE

Inselzauber

Rügen, Deutschlands mit Abstand größte Insel, ist mittlerweile das beliebteste Ziel an der Ostseeküste: ideal für einen Sommerurlaub, für Naturbeobachtungen und als Ort der Inspiration. Aber auch die viel kleinere Nachbarinsel Hiddensee hat ihren eigenen Charme.

Die Selliner Seebrücke lässt Erinnerungen an feudalere Zeiten wach werden.

Typische Bäderarchitektur säumt Sellins Wilhelmstraße (oben links) und die Strandpromenade von Binz (unten rechts). Der Blick von der Selliner Seebrücke geht auf Küste und Strand (unten links, oben rechts).

Zu den eindrucksvollsten Bauten Rügens gehört das Kurhaus von Binz.

In Binz beginnt's: Der Badeort galt in den 1920er-Jahren als „Nizza des Nordens".

Die längste Autobrücke Deutschlands trennt die größte Insel der Republik vom Festland. Nach 4,1 Kilometern über den Strelasund ist Rügen im Handumdrehen erreicht und die Versuchung groß, auf der Bundesstraße 96 rasch der bevorzugten Ostküste entgegenzubrausen. Doch viel schöner und angenehmer reist es sich durchs Hinterland. Dichtbelaubte Alleen durchziehen eine friedvolle Landschaft aus rapsgelben, getreidegrünen Feldern und lockeren Baumgruppen. Immer wieder ziehen Vogelschwärme über den Sommerhimmel, Rosen und Holunder blühen, kaum eine Menschenseele ist zu sehen. Die Namen vieler Dörfer – Poseritz, Swantow, Krasnewitz – gehen auf die slawische Urbevölkerung zurück, die Ranen. Am Kap Arkona, der Nordspitze der Insel, stand ihr wichtigstes Heiligtum, die dem vierköpfigen Gott Svantevit geweihte Jaromarsburg. Ab Putbus verdichtet sich der Verkehr. Die ehemalige Residenz von Fürst Malte I. gehört mit ihren schneeweißen klassizistischen Bauten zu den besonderen Schönheiten auf Rügen.

Mächtige Findlinge

Weiter ostwärts führt der Weg nach Lancken-Granitz. Abseits des Ortes stehen sieben Großsteingräber aus der Jungsteinzeit: mächtige Findlinge sorgsam zu einem Rechteck gruppiert und mit einem Deckstein versehen.

Von Riesen erbaut?

Solche Anlagen türmten die ersten Ackerbauern und Viehzüchter vor rund 5000 Jahren auf. Egal, ob sich Zeugnisse solchen Totengedenkens im Everstorfer Forst im Klützer Winkel, in Bastorf bei Kühlungsborn, auf Rügen oder an anderen Stellen der Nord- und Ostseeküste finden – immer sind es besondere Orte. Abseits der Dörfer im Wald oder im Feld gelegen, oft idyllisch von Weißdorn, Holunder und alten Eichen gerahmt, ranken sich viele Sagen um die „Hünengräber", die von Riesen oder gar dem Teufel selbst erbaut sein sollen. Sicher ist, die Steinzeitmenschen haben große Mühe auf sich genommen, um diese Anlagen zu errichten. Ihren Toten gaben sie Bernsteinschmuck, Feuersteinbeile und Tongefäße mit in die Ewigkeit.

Rügens Kreidefelsen

Der große Maler der Romantik, Caspar David Friedrich, hat Rügens Kreidefelsen unsterblich gemacht und Rügens Tourismusindustrie das beliebteste Motiv geliefert. Am imposantesten zeigen sich die Kreidefelsen vom Meer oder vom Strand

Rügens dampflokbetriebene Bäderbahn, der Rasende Roland, bedarf intensiver Zuwendung (oben links). Die Dorfkirche von Groß Zicker auf der Halbinsel Mönchgut stammt aus dem 14. Jahrhundert und zeigt eine schöne alte Ausstattung (oben rechts). Alljährlich zur Sanddornernte veranstaltet der Rügenhof in Putgarten einen Hofmarkt (unten links). Lauterbach war der Badeort des Fürstentums Putbus (unten rechts).

Der Rasende Roland verkehrt täglich auf schmaler Spur von Putbus über Binz, Sellin und Baabe nach Göhren.

aus. Vor Ort im Nationalpark Jasmund führt ein Hochuferweg oberhalb der Kreidefelsen entlang. Dann und wann eröffnen Aussichtspunkte einen schmalen Blick auf die Steilküste, aber die optische Wucht der Kreidefelsen lässt sich so nicht erfahren. Zumal die Streckenführung die Kante meidet. Aus gutem Grund: Die Felsen sind keineswegs ein sicherer Halt. Aus dem Landesinneren baut eiszeitliches Gestein Druck auf den Inselschild auf, von der Gegenseite greift die Ostsee unablässig an. Immer wieder brechen kleine Brocken und ganze Schollen ab und das in zum Teil beträchtlichen Mengen. Vor etwas mehr als zehn Jahren, am 24. Februar 2005, stürzten die beiden Hauptzinnen der berühmten Wissower Klinken ins Meer. 50000 Kubikmeter Kreide versanken in der See, und eines der beliebtesten Postkartenmotive war unwiderruflich dahin.

Proras blinde Fenster

„Kraft durch Freude" versprach die nationalsozialistische Gemeinschaft KdF. Sie organisierte Ferienaufenthalte, damit sich das deutsche Volk an den schönsten Stellen des Landes erholen konnte. Auf Rügen hatte das bis heute sichtbare Folgen. In Prora zwischen Binz und Sassnitz erbaute die KdF die gewaltigste Bettenburg für Touristen, die die Welt bis dahin gesehen hatte: einen 4,5 Kilometer langen Gebäudekomplex als Urlaubsdomizil für 20000 Menschen. Der erste Spatenstich erfolgte 1936. Doch der Zweite Weltkrieg stoppte alle weiteren Arbeiten, der „Koloss von Prora" blieb unvollendet. Im Krieg dienten die notdürftig bewohnbar gemachten Bettenhäuser als Unterkunft für NS-Nachrichtenhelferinnen. Nach dem Krieg zogen erst Flüchtlinge, dann die sowjetische Armee und schließlich die Nationale Volksarmee der DDR ein.

Heruntergekommener Koloss

Heute ist der „Koloss von Prora" ein heruntergekommen wirkender Ort. Hohe Zäune halten Neugierige auf Abstand, weil Teile des Komplexes einsturzgefährdet sind. Abgerissen kann der Koloss nicht werden, das würde Unsummen verschlingen.

Was einigermaßen nutzbar ist, wurde zu Ferienwohnungen umgebaut und soll private Käufer locken. Normalität hat Einzug gehalten. Auf dem Parkplatz werden Würstchen, Waffeln und Eis verkauft. Am nahen Strand sonnen sich Badegäste im weißen Ostseesand und genießen den unverstellten Blick aufs Meer, die Geisterstadt im Rücken.

Binz leuchtet

Rügens berühmteste Badeorte sind Göhren, Sellin und Binz. Sellin besitzt die schönste Seebrücke von allen, Göhren beeindruckt mit seiner malerischen Lage, und in Binz gerät man ins Träumen, so wunderbar wirken die Villen der Bäderarchitektur. Schneeweiß getüncht, mit allerliebsten Erkerchen versehen und filigranen Balustraden, zart wie die Spitzenhandschuhe älterer Damen. Auch der Sandstrand ist so weiß wie Möwengefieder, die Promenade fein gepflegt, das Publikum – unabhängig vom Wetter – sonnigen Gemüts. Rügen scheint einen magischen Zauber zu entfalten.

Gleich nach dem Fall der Mauer strömten Westdeutsche in Scharen auf die Insel und verursachten einen Kollaps. „Binz ist ausgebucht – Urlauber nehmen alles!", skandierte die Presse. „Kein Zimmer mehr zu bekommen. Auf Rügen geht nichts mehr", ließen die Zeitung wissen, meldeten „gemischte Gefühle bei den Einheimischen" angesichts dieses Tourismusbooms. Man fing sich aber schnell.

Tragödie mit guten Folgen

Charakteristische Zutat aller Ostseeküstenorte sind die Seebrücken. Ursprünglich gebaut, damit trotz der flachen Küste größere Schiffe so nah wie mög-

In der Umgebung des Jagdschlosses Granitz auf Rügen trifft man
noch auf idyllisch anmutende ländliche Szenen.

Seit dem Jahr 1953 ist das „Haus Seedorn“ in Kloster auf Hiddensee ein Museum, das sich noch heute so wie zu Hauptmanns Lebzeiten präsentiert.

Blick in das Arbeitszimmer des Autors, der 1912 den Literaturnobelpreis erhielt.

Special

Literaten an der Ostseeküste

Hauptmann, Johnson, Fontane

Die Ostseeküste faszinierte und inspirierte viele Literaten. Die einen schöpften aus Kindheitserinnerungen wie Theodor Fontane und Uwe Johnson, andere zählten zu den Gästen, die tiefe Wurzeln schlugen wie Gerhart Hauptmann.

Im Juli 1885 setzte Hauptmann (1862 bis 1946; rechts seine Büste im „Haus Seedorn“) erstmals einen Fuß auf Hiddensee und wohnte zunächst im Gasthof Schlieker. Bis 1943 verbrachte er viele Sommermonate auf der Insel, 1930 hatte er sich in Kloster das „Haus Seedorn“ gekauft. Es steht heute der Allgemeinheit offen, Arbeitszimmer, Wohnräume und der durchaus raumgreifende Weinkeller sind zu besichtigen. Auf Hiddensee nannte man den berühmten Mann halb bewundernd, halb spöttisch „Inselkönig“. „Die Weber“ von 1892 ist sein bekanntestes Drama.

Uwe Johnson (1934 bis 1984) wurde im pommerschen Camin geboren und wuchs in Anklam auf. 1959 siedelte der DDR-kritische Germanist nach Westberlin über, später zog es ihn zunächst nach New York und schließlich nach England, wo er 1984 starb. Die Gemeinde Klütz verewigte er als das Städtchen „Jericho“ in seinem imposanten Hauptwerk „Jahrestage“.

Theodor Fontane (1819–1898) kam zwar im brandenburgischen Neuruppin zur Welt. Aber die prägenden Jahre 1827 bis 1832 erlebte er in Swinemünde auf Usedom. In seinen autobiografischen Aufzeichnungen „Meine Kinderjahre“ erinnert sich Fontane an die Zeit in Swinemünde und Umgebung, an die sommerliche Badesaison und die von üppigem Essen begleiteten Feste in der kalten Jahreszeit. Im Roman „Effi Briest“ erscheint Swinemünde als der Ort Kessin.

lich an die Seebäder heranfahren konnten, entwickelten sich die Holzstege rasch zu beliebten Flaniermeilen. So wird verständlich, warum sich Binz seine Dampferanlegestelle nicht nehmen lassen durfte: Im Jahr 1902 wurde die erste erbaut, drei Jahre später durch einen Orkan zerstört und gleich wieder aufgebaut, 1942 vom Ostseeeis zermahlen, 1994 wieder erbaut. Nun führt sie 370 Meter weit hinaus ins Meer.

Tragödie mit guten Folgen

Eine Tragödie ereignete sich am 28. Juli 1912. Gut 1000 Gäste drängten, einen Marinekreuzer zu bestaunen und die Ankunft des Dampfers „Kronprinz Wilhelm“ mitzuerleben. Kaum waren dessen Fahrgäste ausgestiegen, brach ein Teil der Brücke ein. Über 70 Menschen stürzten in die Ostsee. Vor gut 100 Jahren konnten die wenigsten schwimmen. Auch trugen viele Damen wallende Kleider – das Verhängnis nahm seinen Lauf. Kaum jemand konnte helfen, nur sehr Verwegene wagten sich in die See, um die panisch um sich Schlagenden ans sichere Ufer zu ziehen. 16 Menschen ertranken. Ein Schock für Binz, für Rügen; ganz Deutschland nahm Anteil. Wir brauchen ausgebildete Rettungsschwimmer, schwor man sich daraufhin und gründete in Leipzig die „Deutsche Lebens-Rettungs-Gesellschaft“ (DLRG).

An der Stubbenkammer liegt der höchste Kreidefelsen Rügens, der Königsstuhl. 118 Meter erhebt sich die Kreidewand hier über Meereshöhe.

Vom Fischerörtchen Vitt geht der Blick zum Kap Arkona mit dem im Jahr 1927 errichteten Peilturm.

Der Neue Turm (rechts) der beiden Leuchttürme auf dem Kap Arkona ist ist zu ersteigen.

Herrliche Buchenwälder prägen den Küstenbereich der Rügen-Halbinsel Jasmund. Sie reichen bis an den Felsabbruch über der Ostsee.

Küstenkunde

Special

Wasserwelten

Die Ostsee, das jüngste Meer der Welt, ist im Schnitt nur 55 Meter tief und dank vieler Süßwasserzuflüsse wenig salzig.

Die das Meer säumenden mecklenburgischen Küsten wirken wie mit dem Lineal gezogen: Meer und stetiger Westwind trugen sämtliche Landzungen ab. Weiter östlich ab Fischland – fast deckungsgleich mit der Grenze zu Vorpommern – sind die Bodden typisch. Was als Insel vor den Küsten lag, wurde durch schmale Landbrücken miteinander verbunden. Das ehemalige Meer im Hinterland, nunmehr vollständig von der See abgeschnürt, entwickelte sich zum lagunenhaften Bodden. Bleibt dagegen eine Rinne zum Meer hin offen, spricht man von einem Haff oder einer Nehrung, wie beim Stettiner Haff bei Usedom oder der Küstenlandschaft östlich von Danzig im ehemaligen Ostpreußen.

Welt ohne Autos

Eine Welt ohne Autos ist möglich: zumindest auf den 19 Quadratkilometern der Insel Hiddensee. Zwischen den Dörfern Kloster, Vitte, Neuendorf und Grieben bewegt man sich mit der Pferdekutsche, zu Fuß oder mit dem Fahrrad fort. Kaum hat die Morgenfähre die ersten Tagesbesucher gebracht, füllen sich die Wege hinauf zum Dornbusch, an die Strände und zum Gerhart-Hauptmann-Haus. Am Abend strömt alles zurück zu Fähre und Festland, die Insel sinkt wieder in klösterliche Ruhe. Rehe durchstreifen ohne Scheu die Vorgärten und knabbern an Ziersträuchern und Salat. In diese paradiesische Idylle schleicht sich regelmäßig das Chaos ein, das der Tourismus mit sich bringt.

Stichwort Handkarren. Damit Gäste ihr Gepäck transportieren können, stellt jedes Hotel an den Fährhäfen eine kleine Zahl von Handkarren bereit. Man schnappt sich den hoteleigenen Karren und zieht seine Koffer zum Gasthof. Das funktioniert meist erstaunlich gut. Nur manchmal gerät das System durcheinander. Was nach Kloster gehört, ist plötzlich in Vitte; hier gehen die Karren aus, während sie dort den Hafen verstopfen. Dann sind die Hausmeister der Hotels gefragt und bringen wieder Ordnung in das Karrenchaos.

Am Inselblick

Auf dem Dornbusch, einem gut 70 Meter hohen Hügel an der Nordspitze von Hiddensee: Vom „Inselblick" aus hat man freie Sicht bis tief in den Süden, weit hinweg über den schlanken Inselleib. Rechterhand wühlt die Ostsee eine Bucht ins Land, zur Linken glitzern die Boddengewässer. Inselmittig dehnen sich Grünzüge, Wiesen und Heiden aus. Die rohrgedeckten Häuser sind mehr zu erahnen als zu sehen, nur der Wind tönt, und über allem spannt sich ein übergroßer Sommerhimmel mit weißen Wolkentürmen.

„So etwas Schönes hab' ich meiner Lebtag' noch nicht gesehen", murmelt ein Tourist aus Österreich, obwohl es seinem Heimatland ja nun auch nicht an grandiosen Landschaften mangelt.

Das Hohelied auf diese kleine Insel wird von vielen gesungen, egal, ob sie nun die landschaftliche Schönheit preisen und die balsamische Ruhe, die Freiheit, die das Meer verspricht, die klare Luft, die den Kopf freimacht und allen Ballast vertreibt.

Die Axt regiert

Als heile Welt stellte sich Hiddensee allerdings nicht durchgängig dar. Ab dem 14. Jahrhundert legten die Inselbewohner die Axt an ihren Wald, um das Holz für den Kloster-, Haus- und Schiffsbau

Seit dem Jahr 1888 weist das Leuchtfeuer Dornbusch an der Nordspitze Hiddensees Schiffen den Weg. 102 Stufen führen hinauf zu einer eindrucksvollen Rundumsicht.

Der über 1000 Jahre alte Hiddenseer Goldschmuck gilt als ein meisterhaftes Beispiel für die Goldschmiedekunst der Wikinger. Eine Nachbildung ist im Hiddenseer Heimatmuseum zu sehen, das Original im Kulturhistorischen Museum von Stralsund.

Die autofreie Insel Hiddensee ist ein wahres Paradies für Strandläufer und Radler.

zu gewinnen. Mitten im Dreißigjährigen Krieg ließ Dänenkönig Christian IV. die stärksten und schönsten der Bäume auf Hiddensee fällen und nach Kopenhagen transportieren. Das rief seinen Kontrahenten Wallenstein auf den Plan. Solch einen Holzraub wollte der Feldherr künftig unterbinden und ließ sämtliche Wälder vernichten, alle Eichen, Buchen und Kiefern auf dem Dornbusch, alle Erlen im südlichen Inselteil, sogar das Gebüsch musste weichen. Das Gesicht der Insel hat sich seither verändert.

Heute stehen vor allem rund um den Leuchtturm noch Bäume, ein Saum von Kiefern schützt den Dünenwall. Neue Naturschönheiten haben sich entwickelt: zum Beispiel die Dünenheide, eine baumlose Steppe in der Inselmitte, die heutzutage unter Naturschutz steht. Hier wachsen Besenheide, Stranddistel und Krähenbeere, auch seltene Schmetterlinge wie der Argus-Bläuling kommen hier noch vor, Neuntöter und die gefährdete Heide-Lerche.

Blick nach Møn

„Man sieht von Hiddensee aus die Insel Møn!" Das klang zu DDR-Zeiten wie eine Beschwörungsformel. Und nicht, weil die dänische Insel wie Rügen so schöne Kreidefelsen besitzt. Vielmehr lag dort die Freiheit – und zwar in erreichbarer Nähe. Mit Segel-, Motor- und Paddelbooten, auf Surfbrettern oder schwimmend versuchten ungezählte „Republikflüchtlinge" von Hiddensee aus Møn zu erreichen. Von etlichen hat man nie wieder etwas gehört. Von anderen sind übermenschliche Leistungen bekannt. So schwamm ein ganz wagemutiger Sportler in 25 Stunden von Kühlungsborn nach Fehmarn. Wie viele Orte der Ostseeküste wurde Hiddensee zur Durchgangsstation vieler Verzweifelter. Lutz Seiler, ein im thüringischen Gera-Langenberg aufgewachsener Autor, der im Sommer 1989 als Saisonkraft auf der Insel gearbeitet hat, setzte ihnen in seinem (mit dem Deutschen Buchpreis ausgezeichneten) Roman „Kruso" ein Denkmal.

Die interessantesten Feste

Feiern an Meer und Bodden

Im März läuten die Heringstage den Beginn einer langen Festsaison ein. Viele Feiern haben maritimen Charakter, andere zelebrieren historische Begebenheiten oder geben international bekannten Größen eine Bühne. Dann tauen auch die ansonsten oft eher zurückhaltenden Einheimischen auf.

1 Heringstage

Warnemünde, Usedom und Wismar feiern den kleinen Fisch mit einem rauschenden Fest. In Wismar zeigen die Gastronomen der Hansestadt am Beispiel von Matjes, Rollmops, Bismarckhering, Bratfisch und neuen Kreationen, welche kulinarischen Möglichkeiten der Hering bietet. Die Küchenmeister und -meisterinnen lassen sich beim traditionellen Köcheumzug vom Alten Hafen zum historischen Marktplatz feiern.

März, Wismar, www.heringstage-wismar.de

2 Hanse Sail

Majestätisch gleiten Windjammer durchs Meer, ein erhabener Anblick, der Fernweh weckt und an alte Zeiten erinnert. Über 200 Groß- und Traditionssegler sowie Museumsschiffe nehmen an der Hanse Sail im August teil. Das Windjammertreffen in Rostock zählt zu den größten der Welt und lockt Jahr für Jahr über eine Million Schaulustige an. Wer möchte, kann auf einigen Schiffen auch mitsegeln, auf der „Roald Amundsen" etwa oder der „Fridtjof Nansen". Wenn die Großsegler das offene Meer verlassen und warneaufwärts zum Rostocker Stadthafen gleiten, werden sie schon an der Ostmole in Warnemünde mit Salutschüssen begrüßt. Daraufhin wird vier Tage lang gefeiert rund um die stolzen Windjammer mit Regatten. Es gibt Schiffsbesichtigungen, Ausstellungen, buntes Bühnenprogramm, Shantychor, Blas- und Rockmusik, Piraten- und Schlemmermarkt soviel Remmidemmi.

Erste Augusthälfte, Rostock, www.hansesail.com

3 Warnemünder Woche

1500 Segler aus mehr als 30 Nationen, bestaunt von einer halben Million Menschen: Das sind die Eckdaten der Warnemünder Woche. Mit Drachenboot- und Waschzuberrennen sowie zahlreichen Regatten in mehreren Disziplinen sorgt das großes Segelsportfestival neun Tage lang für Hochstimmung. Am Ufer winkt ein umfangreiches Rahmenprogramm.

Anf. Juli, Warnemünde www.warnemuender-woche.com

4 Wallensteintage

Die Schwedenherrschaft hat an der Ostseeküste eine große historische Bedeutung. 1638 brach Feldherr Wallenstein die Belagerung von Stralsund ab. Damals feierte die Bevölkerung dies mit Festgottesdiensten, heute mit einem bunten Volksfest. Die herrliche Altstadt von Stralsund liefert die ideale Kulisse für einen Mittelaltermarkt. Söldner und Gaukler, Spielleute und Marketenderinnen formieren sich zu einem Kostümumzug. Den besonderen Gruselfaktor liefert der Pestumzug zu später Stunde am Freitag, der an die im Jahr 1629 wütende Seuche erinnert.

Wochenende um den 24. Juli, Stralsund www.wallensteintage.de

5 Tonnen-abschlagen

Möglicherweise geht der Brauch, alle Jahre wieder auf eine Heringstonne einzukloppen, auf die Schwedenzeit zurück, als die Bevölkerung Tribute an die Besatzer entrichten musste. Aus Freude über das Ende der Abgaben sollen die Fischer das letzte Fass der Heringssteuer zertrümmert haben. Heute hängen die Feiernden eine Tonne an ein hohes Gerüst, die von Reitern Stück für Stück mit einem Holzknüppel heruntergeschlagen werden muss. Wer das letzte Brett herunterholt, gewinnt und wird „Tonnenkönig". Ein munteres Fest umrahmt die große Gaudi.

Ab Pfingsten bis Sommer in Born, Wieck, Prerow, Ahrenshoop und anderen Orten, www.fischland-darss-zingst.de

6 Störtebeker-Festspiele

Auf Rügen zählten die Störtebeker-Festspiele schon zu DDR-Zeiten zu den beliebtesten Open-Air-Events. Die Naturbühne Ralswiek setzt die Abenteuer des legendären Seeräubers Klaus Störtebeker gekonnt in Szene. Der machte der Sage nach im 14. Jh. den Kaufleuten der Hanse das Leben schwer, deren schwer beladene Koggen gegen die schlanken Piratenschiffe chancenlos waren. In Ralswiek stellen 150 Schauspieler und vier Segelschiffe Szene aus dem wilden Leben des Klaus Störtebeker nach. Den Abschluss bildet ein Großfeuerwerk über dem Bodden.

Mitte Juni–Anf. Sept. Mo.–Sa., Ralswiek, www.stoertebeker.de

7 Vineta-Festspiele

Die sagenumwobene Stadt Vineta versank irgendwo in den Fluten der Ostsee. Ob die Stadt bei Koserow (Usedom) oder Barth (Fischland-Darß-Zingst) lag oder sie gar mit der polnischen Stadt Wollin identisch ist, sei dahingestellt. In Koserow gibt die Vorpommersche Landesbühne jährlich die Vineta-Festspiele als opulentes Schauspiel mit viel Pyrotechnik und Tanz.

Koserow, Usedom, www.vineta-festspiele.de

8 Usedomer Musikfestival

Zahlreiche Spielstätten auf der deutschen und polnischen Seite der Zwei-Länder-Insel beteiligen sich am Usedomer Musikfestival. Den besonderen Reiz machen die wechselnden Spielstätten aus, darunter das historische Kraftwerk Peenemünde. Kurt Masur war der erste Schirmherr der hochkarätigen Reihe, die namhafte Dirigenten und Orchester auf die Insel bringt.

Ende Sept./Anf. Okt., Usedom, www.usedomer-musikfestival.de

9 Festspiele Mecklenburg-Vorpommern

Im ganzen Bundesland treten international bekannte Größen und noch zu entdeckende Talente an ausgewählten Orten auf. Seinen Charme bezieht dieses berühmte Festival der klassischen Musik auch aus den Spielstätten: Kirchen, sanierte Herrenhäuser, Fabrikhallen und Scheunen, der Rostocker Zoo, das Korbwerk Heringsdorf, die Seebrücke Sellin werden zur stimmungsvollen Bühne.

Juni–Sept., diverse Spielstätten, www.festspiele-mv.de

Maßstab 1:290.000
0 3 6km
Kap Arkona
Putgarten
Varnkevitz
Nonnevitz
Fernlüttkevitz
Mattchow
Gramtitz
Lancken
Starrvitz
Deutsche Alleenstraße
Dranske
Altenkirchen
Tromper
Wiek
Wieker Bodden
Wiek
Breege
Drewoldke
Juliusruh
Wittow
Hünengräber
Dornbusch
Kloster
Grieben
Libben
Bohlendorf
Bischofsdorf
Schmantevitz
Breeger Bodden
Schaabe
Bug
Rassower Strom
Vitte
Insel
Hiddensee
Neuendorf
Schaproder Bodden
Retelitz
Granskevitz
Schaprode
Öhe
Breetzer Bodden
Vieregge
Lebbin
Hochilgor
Neuenkirchen
Libnitz
Laase
Tetzitzer See
Tribbevitz
Neuendorf
Trent
Deutsche Alleenstraße
Rappin
Kartzitz
Großer Jasmunder Bodden
Ruschvitz
Glowe
Schloss Spyker
Nardevitz
Lohme
Gr. Stubbenkammer
Königsstuhl
Kl. Stubbenkammer
Nipmerow
Baldereck
Bobbin
Hagen
Nationalpark
Neddesitz
Jasmar Therme
Piekberg
Rusewase
Jasmund
Polchow
Schwedenstraße
Sagard
Sassnitz
Dubnitz
Fährhafen Sassnitz
Neu Mukran
Trelleborg (Eisenbahn und Kfz.)
Lübeck
Rønne (Bornholm)
Ventspils, Sankt Petersburg
Klaipėda
Nationalpark Vorpommersche Boddenlandschaft
Udarser Wiek
Koselower See
Haide
Ummanz
Dorfkirche
Waase
Rügen Park
Wusse
Gellen
Venz
Schweikvitz
Silenz
Gagern
Kluis
Gnies
Ralswiek
Lietzow
Kleiner Jasmunder Bodden
Schmale Heide
Eisenbahn- und Technikmuseum Rügen
Prora
Prorer Wiek
Naturerbe Zentrum Rügen
Patzig
Jarnitz
Ramitz
Gingst
Pansevitz
Thesenvitz
Parchtitz
Stedar
Pulitz
Buschvitz
Bock
Barhöft
Freesenort
Ummanz
Lieschow
Steinshof
Boldevitz
Muglitz
Neuendorf
Bergen auf Rügen
Rugard
Marienkirche
Rügen
Erlebnisbad
Heuwiese
Wendisch Langendorf
Klausdorf
Bisdorf
Hohendorf
Groß Kubitz
Unrow
Kubitzer Bodden
Liebitz
Dreschvitz
Platvitz
Landow
Groß Kubbelkow
Streu
Karow
Lubkow
Schmachter See
Binz
Jagdschloss Granitz
Sellin
Inselparadies
Groß Mohrdorf
Muuks
Prohn
Parow
Kramerhof
Güttin
Tilzow
Sehlen
Neklade
Dolgemost
Zirkow
Serams
Hünengräber
Möllin Medow
Rasender Roland
Breesen
Grabitz
Barnkevitz
Rambin
Rothenkirchen
Negast
Samtens
Schwedenstraße
Karnitz
Ketelshagen
Schlosspark
Putbus
Vilmnitz
Lauterbach
Lancken-Granitz
Selliner See
Seedorf
Baabe
Preetz
Deutsche Alleenstr.
Biosphärenreservat
Göhren
Middelhagen
Altenpleen
Preetz
Schmedshagen
Scharpitz
Altefähr
Jarkvitz
Fuchsberge
Berglase
Kasnevitz
Neuendorf
Neu Reddevitz
Having
Alt Reddevitz
Lobbe
Krönnevitz
Zansebuhr
STRALSUND
Rathaus
Hanse Dom
Nikolaikirche
Meeresmus.
Marienkirche
Tierpark
Niepars
Pantelitz
Götemitz
Frankenthal
Groß Stubben
Deutsche Alleenstraße
Garz/Rügen
Krakvitz
Neukamp
Vilm
Südost-Rügen
Mönchgut
Gager
Groß Zicker
Klein Zicker
Thiessow
Südperd
Martensdorf
Langendorf
Pütte
Zimkendorf
Lüssow
Borgwallsee
Drigge
Gustow
Poseritz
Zeiten
Benz
Sissow
Prosnitz
Swantow
Dumsevitz
Silmenitz
Rügischer Bodden
Mellnitz
Groß Schoritz
Venzvitz
Glutzow
Siedlung
Zudar
Strelasund
Neu Lüdershagen
Devin
Neuhof
Niederhof
Negast
Wendorf
Nienhagen
Brandshagen
Losentitz
Glewitz
Zicker
Poppelvitz
Grabow
Steinhagen
Krummenhagen
Zarrendorf
Stahlbrode
Palmer Ort
Greifswalder Bodden
Grün Kordshagen
Elmenhorst
Ahrendsee
Oberhinrichshagen
Sundhagen
Reinberg
Falkenhagen
Deutsche Alleenstraße
Windebrak
Bookhagen
Behnkendorf
Abtshagen
Hildebrandshagen
Miltzow
Reinkenhagen
Insel Riems
Riemserort
Sieverts-hagen
Eichholz
Wittenhagen
Jeeser
Koos
Gristow
Insel Koos
Ungnade
Glashagen
Wilmshagen
Mannhagen
Kirchdorf
Karrendorf
Stoltenhagen
Karlsberg
Jager
Rolofshagen
Papenhagen
Hohenwarth
Bremerhagen
Mesekenhagen
Schönenwalde
Horst
Kooser B.
Wampen
Willerswalde
Splietsdorf
Bartmannshagen
Grimmen
Klein Kieshof
Holthof
Marien-Kirche
Wüst Eldena
Groß Petershagen
Steffenshagen
Neuenkirchen
Quitzin
Grellenberg
Rathaus
Kaschow
Prützmannshagen
Willershusen
Jarmshagen
Wackerow
Marienkirche
Bassin
Grimmen-West
Jessin
Stralsund
Neuendorf
Kreutzmannshagen
Levenhagen
Boltenhagen
Dom
St. Nikolai
Wieck
Klosterruine
GREIFSWALD
Eldena
Friedrichshagen
Leyerhof
Grimmen-Ost
Klevenow
Wüsteney
Greifswald
Griebenow
Alt Ungnade
Heilgeisthof
Hinrichshagen
Wendisch Baggendorf
Borgstedt
Dönnie
Boltenhagen
Kandelin
Klein Bisdorf
Groß Bisdorf
Friedrichsfelde
Neu Ungnade
Helmshagen
Poggendorf
Süderholz
Zarnewanz
Subzow
Weitenhagen
Diedrichshagen
Rakow
Alt Pansow
Dersekow
Grubenhagen
Streiow
Bretwisch
Deutsche Alleenstraße
Schmietkow
Sassen
Pustow
Klein Zastrow
Sestelin
Glewitz
Nielitz
Treuen
Groß Zastrow
Dargelin
Jahnkow
Zarnekla
Düvier
Gülzowshof
Schwinge
Alt Negentin
Behrenhoff
Groß Kiesow
Sanz
Lubmin
Gahlkow
Vierow
Hoher B.
Nonnendorf
Wusterhusen
Loissin
Ludwigsburg
Freest
Spandowerhagen
Spandowerhagener Wiek
Struck
Neuendorf
Kemnitz
Brünzow
Pritzwald
Gustebin
Voddow
Rubenow
Stilow
Ziese
Ziesebruch
Rappenhagen
Lodmannshagen
Wolgast
Netzeband
St. Petri-Kirche
Kemnitzerhagen
Neu Boltenhagen
Kühlenhagen
Schalense
Katzow
Hanshagen
Schweden-straße
Jägerhof
Pritzier
Wrangelsburg
Hohendorf
Gladrow
Lühmannsdorf
Kessin
Krebsow
Buddenhagen

Ungleiche Schwestern

Am Nordostzipfel Deutschlands liegt die größte Insel des Landes: Rügen. Mit ihren Kreidefelsen und bekannten Badeorten zählt sie zu den meistbesuchten Reisezielen der gesamten Ostseeküste. Westlich schließt sich das liebliche Hiddensee an, autofrei und weniger überlaufen.

1 Hiddensee

Gerade mal 1000 Einw. leben in den vier Inseldörfern, doch während der Saison ergießt sich ein Meer von Tagesgästen über „dat söte Länneken", das süße Ländchen.

SEHENSWERT

In **Kloster** kann Gerhart Hauptmanns **Haus Seedorn** besichtigt werden (Gerhart-Hauptmann-Haus, Kirchweg 13, Tel. 038300/3 97, www.hauptmannhaus.de; Mai–Okt. Mo.–Sa. 10.00–17.00, So. 13.00–17.00 Uhr, Winter wechselnde Öff.zeiten). Interessantestes Exponat im **Heimatmuseum** ist der „Hiddenseer Goldschmuck" aus der Wikingerzeit (10. Jh.), 1872 auf der Insel gefunden (Kloster, Kirchweg 1, Tel. 038300/3 63, www.heimatmuseum-hiddensee.de; April–Okt. tgl. 10.00–16.00, sonst Do.–Sa. 11.00–15.00 Uhr). Zur Inselnatur zeigt das **Nationalparkhaus** eine kleine Schau (Vitte; April bis Okt. tgl. 10.00–16.00, Nov.–Dez. Di.–So. 10.00 bis 15.00, Jan.–März tgl. 13.00–16.00 Uhr).

HOTEL UND RESTAURANTS

Das €€/€€€ **Appartement-Haus Dornbusch** bietet sich insbesondere für Familien an. Mit gemütlichem Restaurant **Inselstube** (Weißer Weg 2, 18565 Kloster, Tel. 038300/ 6 04 00, www.hiddensee-haus-dornbusch.de). Wer in den Genuss der Heringsspezialitäten des €€ **Godewind** kommen will, sollte rechtzeitig reservieren (Süderende 53, Vitte, Tel. 038300/66 00, www.hotelgodewind.de).

AKTIVITÄTEN

Ein Muss ist in Kloster der Aufstieg zum **Leuchtturm Dornbusch** (1888, 28 m; April–Sept. tgl. 10.00–16.00 Uhr), auch eine **Wanderung** durch die Dünenheide ab Vitte bis auf den südl. Inselzipfel Gellen. Dort hat man die Strände für sich.

INFORMATION

Insel Information, Achtern Diek 18 a, 18565 Vitte, Tel. 038300/60 86 85, www.seebad-hiddensee.de

2 Altenkirchen

Die meisten Besucher durchqueren dieses Dorf (900 Einw.) auf der Halbinsel Wittow nur zur Fahrt zum Rügener Nord-Kap Arkona.

Tipp

Reif für die Insel

Im **Künstlerhaus** hinter dem Gerhart-Hauptmann-Haus wohnen den Sommer über geladene Schriftsteller und Künstler. Von Okt. bis März wird das Haus allerdings vermietet – genau die richtige Umgebung, um selbst einen kreativen Schub zu erhalten.

KÜNSTLERHAUS
Gerhart-Hauptmann-Haus, Kirchweg 13, 18565 Kloster/Hiddensee, Tel. 038300 397, www.hauptmannhaus.de

SEHENSWERT

In der romanischen **Dorfkirche** (12. Jh.) bestaunt man den „Svantevitstein". Er soll einen Priester darstellen, der dem Slawengott Svantevit ein Trinkhorn reicht. Hauptattraktionen sind das denkmalgeschützte Dörfchen **Vitt** und das **Kap Arkona.** Wer hierher möchte, kann das nur mit dem Minibähnchen ab Parkplatz Putgarten oder zu Fuß: Ein 2,5 km langer Fußweg führt vom Parkplatz Putgarten zum Kap mit dem 39 m hohen Leuchtturm (1902 erbaut) und dem eckigen Schinkelturm (1827 als Leuchtturm erbaut, 22 m).

INFORMATION

Tourismusgesellschaft Kap Arkona, Am Parkplatz 1, 18556 Putgarten, Tel. 038391/1 30 37, www.kap-arkona.de

3 Sassnitz

Von Sassnitz (9500 Einw.) aus starten Fähren nach Skandinavien. Der Fährhafen Neu-Mukran zählt heute zu den wichtigsten Transporthäfen Deutschlands.

SEHENSWERT

Die **Stadthafenbrücke**, eine luftig-leichte Rad- und Fußgängerbrücke, verbindet die Hauptstraße mit dem Fährhafen und bietet eine erstklassige Aussicht auf Meer und Stadthafen. Über die Ostmole ist rasch der 12 m hohe **Leuchtturm** (1903) erreicht. Wer es romantisch mag, spaziert in den alten **Stadtkern** mit seinen winzigen Gassen.

MUSEEN

Von der Reuse bis zum Echolot zeigt das **Fischerei- und Hafenmuseum**, was zum erfolgreichen Fischen nötig ist; gegenüber liegt der Museumsfischkutter „Havel" (Im Stadthafen, Tel. 038392/5 78 46, www.hafenmuseum.de; April–Okt. tgl. 10.00–18.00, im Winter 11.00 bis 18.00 Uhr, teils auch geschl.). Im Stadthafen kann man sich durch die Enge eines 1963 erbauten britischen **U-Boots** der Oberon- Klasse drängen, das u. a. vor den Falkland-Inseln Dienst tat (Hafenstraße 18, www.hms-otus.com; Mai–Okt. tgl. 10.00–19.00, sonst tgl. 10.00 bis 16.00 Uhr).

Links: Pferdefuhrwerk am Hafen von Vitte (Hiddensee). Unten: Blick vom Leuchtturm am Kap Arkona (Rügen).

Oben links: Kreidefelsen an Rügens Küste im Nationalpark Jasmund. Oben rechts und unten links: die Halbinsel Mönchgut im Südosten von Rügen wird von der UNESCO als Biosphärenreservat geführt.

HOTEL UND RESTAURANTS

Eine bekannte Adresse für Fischgerichte ist das €€€ **Gastmahl des Meeres;** Zimmer sind ebenfalls verfügbar (Strandpromenade 2, 18546 Sassnitz, Tel. 038392/51 70, www.gastmahl-des-meeres-ruegen.de). Ab 7.00 Uhr gibt's in der € **Fischhalle Sassnitz** Heringsbrötchen und andere Fischgerichte (Hafenstraße 12d; Mo. bis Do. 7.00–15.30, Fr. 7.00–13.30 Uhr).

UMGEBUNG

Wie zu Caspar David Friedrichs Zeiten lassen die weißen, hoch aufragenden **Kreidefelsen** TOPZIEL niemanden unberührt. Eine Erkundung beginnt man am **Nationalparkzentrum Königsstuhl** mit seiner multimedialen Ausstellung. Informativ sind Touren mit Rangern (Stubbenkammer 2, Tel. 38392/66 17 66, www.koenigsstuhl.com; Ostern–Okt. tgl. 9.00 bis 19.00, sonst tgl. 10.00–17.00 Uhr, Bus ab Sassnitz oder ab Parkplatz in Hagen). Im **Kreidemuseum Rügen** (8 km westl.) dreht sich alles um dieses „Weiße Gold" (Sagard,Gummanz 3a, Tel. 038302/5 62 29, www.kreidemuseum.de; Ostern–Okt. tgl. 10.00–17.00, sonst Di.–So. 10.00 bis 16.00 Uhr).

INFORMATION

Tourist-Service, Strandpromenade 12, Am Stadthafen, 18546 Sassnitz, Tel. 038392/64 90, www.insassnitz.de

4 Binz

Der größte Urlaubsort auf Rügen (5400 Einw.) empfängt seit den 1870er-Jahren Gäste. Schön sind die schneeweißen Villen im Stil filigraner Bäderarchitektur. Der Strand misst 5 km Länge und ist allein schon guter Grund zum Besuch.

SEHENSWERT

Die wiederaufgebaute **Seebrücke** wirkt fast bescheiden neben dem **Kurhaus** (1908; heute Hotel); der wuchtige Jugendstilbau riegelt die Promenade zur Stadt hin ab. Östl. davon zweigt die **Margarethenstraße** ab mit Galerien und Kunsthandwerk. **Bäderarchitektur** TOPZIEL findet sich u. a. in der Hauptstraße, der Putbuserstraße und an der Strandpromenade (besonders schön: Villa Undine und Villa Ruscha, Strandpromenade 30 bzw. 31).

HOTEL UND RESTAURANT

Brauereiambiente herrscht im €€ **Dolden Mädel**, das zu Fritz Braugasthaus gehört. Klasse Hamburger, gute pommersche Küche, selbst gebrautes Bier (Schillerstraße 6, Tel. 038393/66 33 33, www.fritz-braugasthaus.de).

UMGEBUNG

Im **Seebad Prora** (5 km nördl.) rückt eine Ausstellung dessen NS- und DDR-Geschichte ins rechte Licht (Mukraner Straße 12, www.prora-zentrum.de; Mai–Okt. tgl. 10.00–18.00, sonst Mo.–Fr. 10.00–16.00 Uhr). Gegenüber liegt das **Naturerbe-Zentrum Rügen**. Unübersehbar sind der Baumwipfelpfad und das rosarote ehem. Forsthaus (Verwaltung). Eine Erlebnisausstellung (mit Gastronomie) zeigt, wie heimische Tiere leben, wie das Klima funktioniert und was es über das Wasser zu wissen gibt. Höhepunkt auch im Wortsinn ist der Baumwipfelpfad (Forsthaus Prora 1, Tel. 038393/66 22 00, www.nezr.de; Mai–Sept. tgl. 9.30–19.30, April und Okt. tgl. 9.30–17.30, sonst tgl. 9.30–16.00 Uhr). 1836–1846 erbaut, liegt das **Jagdschloss Granitz** (5 km südw.) im ehem. Jagdgebiet der Fürsten von Putbus. Bekannt ist die gusseiserne Wendeltreppe mit 154 Stufen im Mittelturm zur Aussichtsplattform. Ein Teil des Schlosses ist Museum zur fürstlichen Jagd und zeigt auch noble Salons (Tel. 038393/667 10, www.jagdschloss-granitz.de; Mai–Sept. tgl. 10.00–18.00, sonst Di.–So. 10.00–16.00 Uhr).

INFORMATION

Haus des Gastes an der Seebrücke, 18609 Ostseebad Binz, Tel. 038393/14 81 48 www.ostseebad-binz.de

5 Sellin

Vor der Halbinsel Mönchgut liegt Sellin (2500 Einw.), seit 1880 bei Gästen beliebt und mit einem sehr sauberen Stück Meer gesegnet.

SEHENSWERT

Von der Einkaufsmeile Wilhelmstraße gelangt man über die Himmelsleiter hinab zum Strand. Die 1998 wieder aufgebaute **Seebrücke** (Original 1906) spiegelt die Zeit der Kaiserbäder. Mit einer Tauchgondel lässt sich die See in 4 m Tiefe erkunden (www. tauchgondel.de). Das **Museum Seefahrerhaus** behandelt neben Seefahrt auch Geologisches (Seestraße 17b, Tel. 038303/37 11 05; Mai–Okt. Di.–So. 10.00–16.00, Winter Mi. erst ab 12.00 Uhr).

AKTIVITÄTEN

Ostsee zu kalt? Dann ab in die **Ahoi Rügen Baden- und Erlebniswelt** (Badstr. 1, www.ahoi-ruegen.de, Karfreitag–Okt. tgl. 10.00 bis 22.00, sonst 14.00–21.00 Uhr).

UMGEBUNG

Göhren (1200 Einw.) hat sich besonders auf Gesundheitstourismus eingestellt. Eine Seilbahn verbindet den Nordstrand mit dem Ortszentrum. In Göhren startet der **Rasende Roland** nach Putbus (Tel. 038301/88 40 12, www.ruegensche-baederbahn.de; Fahrzeit 1 Std.).

INFORMATION

Kurverwaltung Sellin, Warmbadstraße 4, 18586 Ostseebad Sellin, Tel. 038303/1 60, www.ostseebad-sellin.de

6 Putbus

1808 machte Fürst Wilhelm Malte I. Putbus (4300 Einw.) zur Residenzstadt. Die klassizistischen Bauten trugen dem Ort den Namen „Weiße Stadt" ein.

SEHENSWERT

Mittelpunkt des im Kreis angelegten Häuserensembles **Circus** (1828) ist ein Obelisk, der an

Tipp

Schön und gut

Im €€€€ **Hotel meerSinn** beginnt der Tag mit dem wohl besten Frühstücksbuffet der Insel. Das entspricht dem ganzheitlichen Ansatz des Hotels, der sich über alle Bereiche erstreckt – gut für Körper und Seele. Buchen Sie ein ruhiges Zimmer zur Nordseite (auf der Schillerstraße kann es laut werden).

HOTEL MEERSINN
Schillerstraße 6–10, 18609 Ostseebad Binz, Tel. 038393/66 30, www.meersinn.de

Fürst Malte erinnert. Der baufreudige Fürst zeichnet auch für den **Schlosspark** verantwortlich (1804–1830). Das Schloss selbst wurde bis auf seine Terrasse 1962 abgerissen.

AKTIVITÄTEN
Der ehem. Marstall (1821–1824) ist Veranstaltungsort der **Festspiele Mecklenburg-Vorpommern** (siehe „Unsere Favoriten", S. 90/91). Auch das einzige **Theater** auf Rügen befindet sich in Putbus (Markt 13, www.theater-vorpommern.de/theater/theater-putbus).

UMGEBUNG
Eine Lindenallee führt ins 3 km entfernte **Lauterbach**, zu Fürst Maltes Zeiten Seebad, heute ein ruhiges Städtchen. Hier laufen Ausflugsschiffe zur **Insel Vilm** aus (Reederei Lenz, Tel. 038301/6 18 96, www.vilmexkursion.de).

INFORMATION
Kurverwaltung, Orangerie, Alleestraße 2, 18581 Putbus, Tel. 038301/6 09 64, www.ruegen-putbus.de

7 Bergen

Rügens größter Ort (13 600 Einw.) ist ein wichtiger Einkaufsmittelpunkt.

SEHENSWERT
Die **St.-Marien-Kirche** (Urspr. 1180) gilt als älteste der Insel; eindrucksvoll sind die romanischen Wandmalereien. Einen Schwerpunkt auf die Vorgeschichte Rügens legt das **Stadtmuseum** im 1945 aufgelösten Zisterzienserinnenkloster (Billrothstraße 20a, Tel. 03838/25 22 26; Mai–Okt. Di.–Sa. 10.00–16.30, sonst Di.–Fr. 11.00 bis 15.00, Sa. 10.00–13.00 Uhr). Am Stadtrand erhebt sich der **Rugard**, eine slawische Wallanlage (8./9. Jh.). Der dortige Ernst-Moritz-Arndt-Turm bietet gute Aussicht (Rugardweg 10; Ostern bis Okt. tgl. 10.00–18.00 Uhr, 30 Min. zu Fuß von der Stadtmitte).

VERANSTALTUNGEN
Die Naturbühne Ralswiek ist Schauplatz der **Störtebeker-Festspiele** (siehe „Unsere Favoriten", S. 90/91).

UMGEBUNG
Ralswiek (5 km nördl.) gilt als älteste Siedlung Rügens und war bereits vor 8000 Jahren besiedelt. Das im 19. Jh. errichtete Schloss ist heute ein nobles Hotel mit Restaurant (Tel. 03838/2 03 20, www.schlosshotelralswiek.de). Von **Schaprode** (21 km nordw.) gelangt man per Fähre nach Hiddensee (Tel. 03831/2 68 10, www.reederei-hiddensee.de). Ein Abstecher führt zur ruhigen Insel **Ummanz** (20 km westl.). Sehenswert ist die dortige Dorfkirche **Waase** mit dem Antwerpener Schnitzaltar, ein spägotischer Schatz (um 1525).

INFORMATION
Tourist-Information, Markt 23, 18528 Bergen auf Rügen, Tel. 03838/3 15 28 38, www.stadt-bergen-auf-ruegen.de

Genießen Erleben Erfahren

DuMont Aktiv

Der große Sprung

Es wirkt schon sehr verwegen, wenn erfahrene Kitesurfer ihre Kapriolen vorführen. Aber auch diese Kunst ist erlernbar, vorausgesetzt, man ist fit, geschickt und kann schwimmen, hat Mut und Motivation, sich Wasser und Luft anzuvertrauen – und eine gute Kiteschule. Die gibt es auch auf Rügen.

Beim Kitesurfen steht man auf einem speziellen Surfbrett (Board) und lässt sich von einem Lenkdrachen (Kite) ziehen. Das geht nicht ohne Wind, insofern sind Grundkenntnisse der Wind- und Wetterkunde wie beim Segeln elementar. Der besondere Kick am Kiten ist die große Anzahl an Sprüngen, die man mithilfe des Drachens vollführen kann.

Bevor es allerdings in die Luft geht, erhalten die Anfänger eine umfassende Einweisung. Das Verletzungspotenzial ist bei dieser Trendsportart hoch, daher ist es sinnvoll, bei einem zertifizierten Trainer in die Schule zu gehen. Ein erster Höhepunkt: der Bodydrag, bei dem man sich vom windgeblähten Kite ohne Brett einfach durchs Wasser ziehen lässt. Bis die ersten Schüler mit Board und Drachen aufs Wasser gehen, dauert es eine Weile. Aber dann bringt nur eine Flaute oder die Abenddämmerung die Neuen vom Brett, so groß ist der Spaß.

Prinzipiell kann laut Kiteschulen jeder in jedem Alter diesen Sport lernen; wer schon einmal auf einem Surfbrett, Snow- oder Skateboard gestanden hat, hat schon das richtige Gefühl fürs Brett. Kiteschulen empfehlen einen Kurs von mindestens drei Tagen, besser fünf Tagen, um ausreichend sicher zu werden.

Handtuch, Badebekleidung, Sonnencreme und Sonnenbrille dürfen nicht fehlen. Neoprenschuhe, Handschuhe und Mützen muss man selbst mitbringen, den Rest der Ausrüstung kann man mieten – ab zehn Grad Lufttemperatur beginnen die Kurse.

Weitere Informationen

Kite-Island, Ostseecamp, 18569 Suhrendorf/Rügen, Tel. 038305/8 22 40, www.umaii.de
Kiteschule Fly-a-Kite, Zittkower Weg 27, 18556 Altenkirchen/Rügen, Tel. 01525 1 08 85 85, www.fly-a-kite.de
Kitesurfschule Rügen-Kite, Von-Lindequist-Weg 1, 18586 Sellin, Tel. 0172/6 66 92 00, www.ruegen-kite.de
Kite-Fieber, Kiten lernen auf Usedom, www.kite-fieber.de

KU156
55

Die deutsche Sonneninsel

Usedom zählt mit Rügen zu den Gebieten mit den meisten Sonnenstunden in Deutschland. Auffallend ist der Kontrast aus touristisch-quirligen Seebädern und ruhigem Hinterland. Der östliche Zipfel der Insel gehört bereits zu Polen.

Urlaubsfreuden unter der Usedomer Sommersonne am Strand von Bansin.

Usedoms herrliche Sandstrände sind auch
ein Ferienparadies für Kinder.

Usedom lässt seine Feriengäste in jeder Weise abtauchen – auch im
wörtlichen Sinn hier an der Seebrücke von Zinnowitz.

Im Urlaub dürfen die Wellen auch einmal höher
schlagen: am Strand von Bansin.

Ahlbecks Seebrücke ist die älteste ihrer Art in Deutschland. Sie wurde bereits im Jahr 1898 eröffnet. Von der am Strand gelegenen Plattform führt ein 280 Meter langer Steg in die Ostsee.

An der Küste ist manches anders: Wenn es im Hinterland regnet und die Wolken schwer über den Alleen und Feldern hängen, weht der Küstenwind häufig alle Schlechtwetterboten von den Stränden weg und schafft dem Sonnenschein Platz. Die Statistiker schreiben Usedom regelmäßig Rekordwerte ins Stammbuch. In den Badeorten, allen voraus Zinnowitz, werden die meisten Sonnenstunden Deutschlands pro Jahr gezählt. Im Winter allerdings kann es krachend kalt werden, und in Rekordwintern schiebt die Ostsee meterhohe Eisschollen ans Ufer. Strände im Schnee besitzen einen ganz eigenen Zauber. Das lohnt sich nicht nur für Fotografen.

Die geteilte Insel

Es fehlt nicht viel und Usedom wäre keine Insel mehr. Um den Peenestrom zu überbrücken, der die Insel vom Festland trennt, sind in Zecherin nur 325 Meter Brücke nötig, in Wolgast sogar nur 247 Meter. Ein Katzensprung. Eine lange, unüberwindliche Grenze aber tat sich nach dem Zweiten Weltkrieg auf. Die Siegermächte schlugen den Ostteil der Insel Polen zu – mitsamt Usedoms größter Stadt. Aus Swinemünde wurde Świnoujście. Mit dem Beitritt Polens zur Europäischen Union baute man den Grenzzaun ab, und seit 2007 kittet die längste Strandpromenade Europas die Trennung wieder auf angenehmste Art. Fester betoniert als jede Grenzmauer scheinen gegenseitige Vorurteile zu sein. Mit deutsch-polnischen Festen und verschiedenen Kulturveranstaltungen macht man viel, um auch diese Spaltung zu überwinden.

Sommer, Sonne, FKK

Nahtlos Bräunen gehörte zu den festen Bestandteilen der DDR-Badekultur. Vor allem in den 1950er-Jahren boomte das textilfreie Baden an den Stränden der Ostsee. Auf Usedom gehörte fast der gesamte Strand auf 42 Kilometern Länge zur FFK-Zone. Das hat sich deutlich geändert. Die textilfreien Strände sind in der Minderzahl und mit großen Schildern eigens ausgewiesen. Ein Rückfall in die Frühzeit des Usedomer Bäderbetriebs ist freilich nicht zu erwarten. Im 19. Jahrhundert pflegte man gut geschützt vor neugierigen Blicken in einem Badekarren in die Fluten zu steigen. Dass Männer und Frauen getrennt planschten, verstand sich von selbst. Anfangs reisten sowieso nur der Adel und gut betuchte Bürger in die aufstrebenden Badeorte Swinemünde, Heringsdorf, Ahlbeck, Zinnowitz und Bansin. Ab 1875 brachte die Bäderbahn von Berlin aus die preußische Hautevolee nonstop nach Usedom. Damit setzte ein wahrer Boom ein, der die vorpommersche Insel zur „Badewanne Berlins“ machte. Villen im Stil der Bäderarchitektur verwandelten die einfachen Fischerdörfer in kurzer Zeit zu Schmuckstücken. Baden, ja – und Wohnen mit Stil. Und diese einzigartige Kulisse genießt man noch heute.

In Zinnowitz werden die meisten Sonnenstunden gezählt.

Im Land des Seeadlers

Obwohl auch in Usedom immer mehr unberührte Natur zugebaut und der Landwirtschaft geopfert wird, gibt es auf der Insel noch viele wichtige Refugien für Vögel. Ausgedehnte Salzwiesen, überflutete Polder, die Flachwasserzonen an Haff, Achterwasser und Peenestrom bilden ein attraktives Revier. Mit etwas Glück erspäht man auch Seeadler. Sie brüten auf Usedom und auf der Insel Wollin. Weil sie weite Reviere durchstreifen, stehen die

Ahlbeck kann auf eine lange Seebädertradition zurückblicken
und präsentiert stolz eine entsprechende Architektur.

Auch Heringsdorf zeigt schöne Bäderarchitektur (links). Anklam erinnert mit
seinem Lilienthal-Museum an den Beginn der Fliegerei (rechts).

Die „V2" ist ein Beleg für Peenemündes (vergeblichen) Griff nach den Sternen.

Lüttenort verbindet Kunst mit Gartengestaltung: Im Atelier von Otto Niemeyer-Holstein (1896 bis 1984) in Koserow sieht es so aus, als hätte der Maler die Staffelei eben erst verlassen.

Special

Vineta

Das „Atlantis der Ostsee"

Jedes Jahr veranstaltet Zinnowitz die Vineta-Festspiele, aber auch Barth gegenüber der Halbinsel Zingst. Beide Orte pochen darauf, dass in ihrer Gegend die sagenhafte Stadt Vineta gestanden haben soll, bevor sie in den Fluten der Ostsee unterging.

Vinetas Dächer und Schweinetröge waren aus Gold, die Einwohner lebten im Überfluss. So kündet es die Sage. Und was sagt die Forschung? Mehrere historische Geschichtsschreiber berichten von einer Stadt an der Odermündung, die Beziehungen bis nach Byzanz und China unterhalten haben soll. 1170 vermeldet ein Chronist, der slawische Handelsplatz Vineta sei von den Dänen zerstört worden. Dann schweigen die Quellen. Aber wenn es Vineta gab, müssten sich Reste finden lassen. Mittelalterliche Ortsangaben und Kartenvermerke lenkten die Suche auf die Odermündungen bei Usedom und der benachbarten polnischen Halbinsel Wollin.

Bei den Vineta-Festspielen auf Usedom.

Neuen Forschungen zufolge gab es einst aber noch einen vierten Oderarm. Der ergoss sich am Barther Bodden ins Meer. Sollte also Barth die wahre Vineta-Stadt sein? Archäologische Untersuchungen stehen noch aus. Anders bei Wollin. In den 1930er- und 1950er-Jahren legten Forscher hier mehrere Handwerkerviertel, vier Häfen, Friedhöfe und zigtausend Fundstücke frei, die den Nachweis einer bedeutenden Stadt aus dem 10. bis 12. Jahrhundert erbrachten.

Chancen gut, die markanten Jäger auf ihren Flügen zu sehen.

Das gesamte Mündungsgebiet der Oder, das neben Usedom auch die Insel Wollin umfasst, bildet eine zentrale Landmarke für den europäischen Vogelzug. Legendär sind riesige Schwärme von Erlenzeisigen und Bergfinken. In den Wintermonaten rasten im Stettiner Haff Tausende nordischer Enten und Säger. Wenn man glückliche Menschen finden will, dann unter Vogelfreunden, die eine der Raritäten wie Karmingimpel oder Grünlaubsänger entdeckt haben. Es müssen nicht nur Vögel sein, die Naturfreunde begeistern: An der Peene haben sich wieder Biber angesiedelt und fällen nach bester Bibersitte Bäume für ihre Wohnburgen.

Pommerns Ikarus

Fliegen können, dieser große Traum der Menschheit ließ den 1848 in Anklam geborenen Otto Lilienthal nicht los. Ein nicht unwesentliches Detail unterschied ihn von seinen Vorgängern: Während diese sich Flügel an die Arme schnallten und von irgendeinem Turm sprangen in der Hoffnung, fliegen zu können, studierte Lilienthal zuerst gründlich den Körperbau und die Flugbewegungen von Schwänen. Dabei erkannte er, dass unter anderem einer gewölbten Tragfläche große Bedeutung zukommt.

Die Usedomer leben seit eh und je auch vom Fischfang: Kutter am Strand von Ahlbeck (oben links), Boote am Achterwasser des Lieper Winkels (unten links) und Fischer in Kamminke am Stettiner Haff (unten rechts). Und auch für die Möwen (oben rechts ein Jungtier) fällt immer etwas ab.

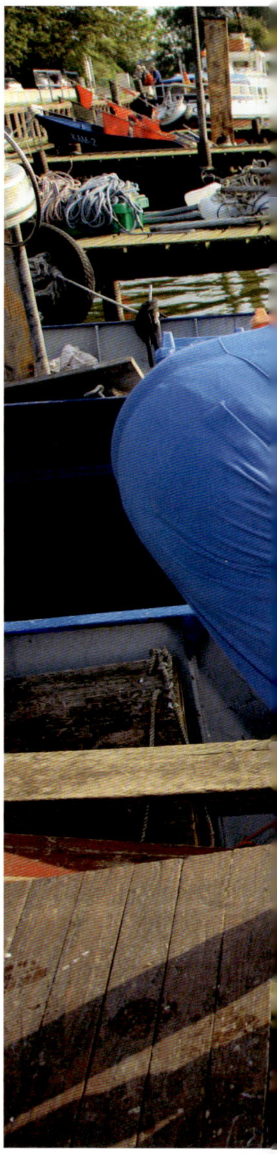

Otto Lilienthal vereinigte mehrere gute Eigenschaften: Fachwissen, technisches Know-how und Geschick, um Flugapparate zu konstruieren und zu bauen; nicht zuletzt war er mutig und fit genug, seine bizarren Werke mit den fledermausartigen Flügeln auch auszuprobieren.

Und er war ein begnadeter Redner: „Niemand glich ihm in der Kraft, neue Mitstreiter zu gewinnen", berichteten die Brüder Wright.

Mit den ersten Flugapparaten gelangen ihm Flüge bis zu 25 Meter, später dann bis zu 250 Meter. Am 9. August 1896 startete Lilienthal zum letzten Mal. Sein Apparat wurde von einer Windbö ins Trudeln gebracht. Beim Sturz aus 17 Meter Höhe brach er sich das Genick. Im Lilienthal-Museum von Anklam wird die Geschichte von Pommerns Ikarus eindrucksvoll aufbereitet.

In Peenemünde wurden einst die Grundlagen für den Griff nach den Sternen geschaffen.

Dunkle Vorzeichen

Auch in Peenemünde wurde Fluggeschichte geschrieben, allerdings unter braunen Vorzeichen. Im Dritten Reich erklärten die Nationalsozialisten die gesamte nördliche Inselspitze zum Sperrgebiet und errichteten Flugplatz, Maschinenhallen und Kraftwerk. So wurde das winzige Peenemünde zur mächtigen Heeresversuchsanstalt, die ab 1936 die ersten Raketen der Welt entwickelte und baute. Allerdings zu Kriegszwecken und unter Einsatz von Zwangsarbeitern, KZ-Häftlingen und Kriegsgefangenen. 1942 startete Hitlers erste Rakete von Usedom aus, ab 1944 brachten rund 3000 von ihnen unter dem Namen „Vergeltungswaffe" V2 Tod und Vernichtung über Menschen in Belgien, England und Frankreich. Nach dem Zweiten Weltkrieg sicherten sich die USA das Raketen-

Schon Lyonel Feininger malte die Holländermühle von Benz, Otto Niemeyer-Holstein sorgte später für ihren Erhalt (oben). In der „Koserower Salzhütte" werden keine Heringe mehr gesalzen, heute kommt Räucherfisch auf den Tisch (Mitte rechts). Im Freilichtmuseum Ukranenland (Mitte links und unten rechts) wurde nach archäologischen Funden eine Slawensiedlung aus dem 9./10. Jahrhundert in Originalgröße rekonstruiert. Darsteller zeigen, wie man sich das Leben damals vorstellen darf.

Die „Svarog" war die erste Rekonstruktion eines slawischen Schiffes des 9./10. Jahrhunderts in Deutschland nach einem Bootsfund in Ralswiek: Ukranenland bei Torgelow.

Know-how und den führenden Experten gleich dazu: Wernher von Braun erreichte 1969 bei der NASA mit der Mondlandung den Gipfel seiner Karriere.

Im Hinterland der Strände

Wem der quirlige Badetourismus an Usedoms Nordseite zu viel wird, der hat es nicht weit zu Ruhe und Abgeschiedenheit. Auf der küstenabgewandten Seite schiebt sich zwischen Achterwasser und Peenestrom die stille Halbinsel Lieper Winkel. Am Festland nördlich von Anklam scheint die Landschaft vollends in einen Dornröschenschlaf zu sinken. Hier erstreckten sich weite Polderflächen, die wieder zurückgebaut werden. Die Pumpen, die einst die Wiesen entwässerten, stehen still, nach und nach dringt das Wasser wieder hinter den Deich. Hierher verirrt sich kaum ein Mensch.

Rund um das Städtchen Lassan hingegen ist eine bunte Szene entstanden. Tatkräftige Idealisten verwirklichen an vielen Stellen ihre Träume. Diana Peters betreibt in Pinnow bei Murchin den Gasthof „Zur Linde" und bereitet einen vorzüglichen Wildschweinbraten zu. Nach der Wende arbeitete sie einige Jahre lang erfolgreich in Franken, doch schließlich zog es sie in die Heimat zurück. Die Kooperative „Kräuter, Kunst und Himmelsaugen", ein Zusammenschluss aus Künstlern, Handwerkern und Sinnsuchern, haucht dem Lassaner Winkel Leben ein.

Alltagssorgen

Abstecher ins Hinterland gehören zu den schönsten Beschäftigungen. Akkurat gepflegt zeigt sich nicht nur der Friedhof der Dorfkirche von Bauer-Wehrland.

Umringt von hüfthohen Zypressenhecken und somit gut geschützt vor dem immerwährenden Ostseewind blühen die Hortensien. Findlinge bilden den Sockel des Mauerwerks der Kirche, darüber türmt sich Backstein. Man fragt beim Küster nach dem Schlüssel, doch er lässt es sich nicht nehmen, St. Nikolai höchstpersönlich zu zeigen und öffnet die Tür. Man plaudert über dies und das und erfährt vieles von den Alltagssorgen einer Generation, die in der DDR groß wurde und in der BRD altert. Der Bus wird teurer, die Läden sind weit weg und viele Junge fortgezogen, soziale Netzwerke zerbrochen.

Wieder draußen, zaust Pommerns Sommerwind das Haar. Kormorane und Möwen kreisen überm Wasser, kleine Boote schaukeln glucksend am Pier. Schön hier. Und auch ein wenig einsam.

USEDOM UND WOLIN

Ein Ausflug nach Polen

Etwa ein Zehntel von Usedom gehört zu Polen. Ein schöner Tagesausflug führt über die Grenze nach Swinemünde, der größten Stadt der Insel. Wer noch weiter gen Osten reist, findet ein Naturparadies.

Der „Food Spot" von Swinemünde – ein Hauch von Amerika im polnischen Teil Usedoms. Rechte Seite: am Strand von Misdroy.

Einen kleinen Trip nach Polen unternehmen viele Usedom-Reisende gern. Die Grenze ist nah, gerade mal fünf Kilometer sind es von Ahlbeck aus. Einst kam man vor allem zum Billig-Shoppen auf dem „Polenmarkt" am Ortseingang von Swinemünde. Das Auto musste allerdings draußen bleiben, die Einkäufe schleppte man zu Fuß über die Grenze. Die verläuft hier erst seit 1945, als Deutschland große Teile von Pommern an Polen abtreten musste. Swinemünde und Misdroy, die zum alten Adel der deutschen Ostseebäder gehörten, wurden in Świnoujście bzw. Międzyzdroje umbenannt.

Ohne Grenze(n)

Mit dem Beitritt Polens zur Europäischen Union 2004 und zum Schengen-Raum 2007 fielen Zaun und Grenzkontrollen. Wer mit dem Auto fahren will, tut dies ungehindert. Auch die Usedomer Bäderbahn fährt durch bis Świnoujście. Ganz der alte geblieben ist der Polenmarkt mit seinen kleinen Buden, mit Zigaretten, polnischer Wurst und Hochprozentigem, mit Korbwaren, Klamotten und Billigramsch. Sogar Gartenzwerge kann man kaufen und sich die Haare schneiden lassen. Mitten im Gedränge sitzt hie und da ein Weiblein, das aus einem Korb heraus Gemüse, selbst gesammelte Kräuter und waldfrische Steinpilze verkauft.

Komfort, Wellness, Gesundheit

Świnoujście selbst hat sich seit Polens Öffnung sehr verwandelt. Die wilhelminischen Prachtbauten des Kaiserbads strahlen im alten Glanz, das Stadtzentrum ist modernisiert, und an der quirlig-bunten Strandpromenade flanieren neben Schnäppchenjägern auch Kurgäste, Familien mit ihren Kindern und Urlauber.

Überall wird saniert, restauriert, neu gebaut, immer neue Luxushotels mit Hunderten von Betten schießen aus dem Boden. Man setzt auf Komfort und spielt die Wellness- und Gesundheitskarte. Das Kurangebot gehört zum Besten in ganz Polen, auch um deutsche Kundschaft wird gezielt geworben: mit Erfolg. Die Sonne scheint genauso schön wie auf der deutschen Seite von Usedom, das Meer

Adler und Wisente sind die Attraktionen im Nationalpark Wollin. Rechte Seite: auf der weit hinaus reichenden Hafenmole (oben) und im neuen Zentrum von Swinemünde (unten).

ist exakt dasselbe, der Strand sogar eine Nummer größer, nur die Preise sind deutlich niedriger.

Świnoujście befindet sich erkennbar im Um- und Aufbruch. Doch wohin? Schon jetzt stöhnen viele Ahlbecker über die Blechkolonne, die sich tagtäglich über die Grenze wälzt. Öffnet sich Świnoujście einem Massentourismus? Wird die Küste zubetoniert? Keine zwölf Kilometer weiter steht auch das alte Seebad Międzyzdroje in den Startlöchern. Und was wird aus der sensiblen Natur im Umfeld?

Im Land der Rohrsänger

Statt breit ins offene Meer zu strömen, sammeln sich die Wassermassen der Oder erst im Stettiner Haff. Dann quetschen sie sich an den Inseln Usedom und Wollin vorbei über die drei Mündungsarme Peenestrom, Swine und Dzwina ins Meer. Feuchtwiesen und Flachwasserzonen durchziehen diese eigentümliche Naturlandschaft. Weite Teile davon stehen unter Schutz. Im Schilf des Vogelreservats Kasiborska Kępa südlich von Świnoujście brütet der sehr seltene Seggenrohrsänger zusammen mit weiteren rund 150 Vogelarten. Ein breiter Streifen auf der Insel Wollin, der rund 100 Quadratkilometer große Nationalpark Woliński Park Narodowy, ist bewaldet. Schutz genießen hier vor allem die alten Küstenbuchenwälder. Die Küste selbst bildet an vielen Stellen eine schroffe, bis zu 95 Meter hohe Kliffkante. Mehr als 200 Vogelarten kommen hier vor, darunter auch das Symboltier des Nationalparks, der Seeadler.

Eine gern besuchte Attraktion ist das Wisent-Schaugehege, in dem eine Herde dieser fast ausgestorbenen Rinderart weidet. Die beeindruckend mächtigen Bullen mit den zotteligen Köpfen bringen über eine halbe Tonne Gewicht auf die Waage.

Informationen

Tourist-Information, Plac Slowianski 6/1, PL-72 600 Świnoujście, Tel. 0048/91 322 49 99, www.swinoujscie.pl/de

Woliński Park Narodowy (Nationalpark Wolin), Nationalparkmuseum, ul. Niedpodlegocci 3, Miedzyzdroje, Tel. 0048/91 328 07 27, www.wolinpn.pl; Mai–Sept. Di.–So. 9.00 bis 18.00, sonst Di.–Sa. 9.00–15.00 Uhr

Wisentreservat (Misdroy Richtung Wiselka), Mai–Sept. Di.–So. 10.00–18.00, sonst Di.–Sa. 8.00–16.00 Uhr

BOSMAN
BOSMAN

Maßstab 1:300.00
0
3
6km
O S T S E E
Greifswalder Oie
Ruden
Pommersche Bucht
Zatoka Pomorsk
Historisch-Technisches Informationszentrum der Raumfahrt (Raketenbau)
Maritim Museum
Schweden-straße
1
Karlshagen
2
Zinnowitz
3
Bansin
Heringsdorf
OstseeTherme Usedom
Ahlbeck
4
Usedom
5
Anklam
Peenemünde
Kröslin
Freest
Spandowerhagen
Kölpinsee
Trassenheide
Mölschow
Zecherin
Wolgast
Tierpark
St. Petri-Kirche
Wolgaster Ort
Krummin
Naturpark
Insel
Usedom
Achterwasser
Koserow
Streckelsberg
Zempin
Loddin
Ückeritz
Stubbenfelde
Kölpinsee
Pudagla
Schmollensee
Bansin Dorf
Sellin
Benz
Kückelsberg
Reetzow
Gothensee
Labömitz
Korswandt
Wolgastsee
Ulrichshorst
Zirchow
Görke
Kutzow
Garz
Golm
Kamminke
Peenestrom
Krumminer Wiek
Gnitz
Lütow
Neuendorf
Görmitz
Warthe
Lieper Winkel
Grüssow
Liepe
Rankwitz
Dewichow
Balm
Neppermin
Krienke
Morgenitz
Mellenthin
Suckow
Katschow
Kachlin
Dargen
Gummlin
Stolpe auf Usedom
Welzin
Usedomer See
Wilhelmshof
Karnin
Karniner Brücke (Mittelteil)
Kamp
Gellenthin
Zecherin
Lassan
Waschow
Wehrland
Pulow
Buggow
Papendorf
Lentschow
Buggenhagen
Großer See
Jamitzow
Pinnow
Klotzow
Murchin
Relzow
Ziethen
Marienkirche
Gnevezin
Bargischow
Stettiner Haff
Kleines Haff
SWINOUJŚCIE
(SWINEMÜNDE)
Międzyzdroje
(Misdroy)
Wolin
Park Narodowy
Lubin
Wicko
Wapnica
Przytor
Łunowo
Zalesie
Lesnogóra
Karsibór
Wielki Krzek
Stara Świna
Kan. Piastowski
Wydrzany
Zalew Szczeciński
København, Trelleborg
Ystad
Ueckermünde
Schloss
Tierpark Ueckermünde
Naturpark
Ueckermünder Heide
Mönkebude
Grambin
Bellin
Warsin
Vogelsang
Altwarp
Altwarper Binnendünen
Siedlung Altwarp
Nowe Warpno
(Neuwarp)
Neuwarper See
Jezioro Nowowarpieńskie
Podgrodzie
Karszno
Warnołęka
Brzózki
Puszcza Wkrzańska
Trzebież
POLSKA
Myślibórz Wielki
Drogoradz
Karpin
Dobieszczyn
Nowa Jasienica
Barnimowo
Zalesie
Tatynia
Tanowo
Rzędziny
Rieth
Garzberge
Ahlbeck
Gr. Mützelburger See
Gegensee
Hintersee
Glashütte
Grünhof
Am Stettiner Haff
Borken
Marienthal
Eggesin
Eggesiner Teerofen
Luckow
Hoppenwalde
Rochow I
Liepgarten
Meiersberg
Torgelow-Holländerei
Klein Gumnitz
Torgelow
Spechtberg
Drögeheide
Hammer an der Uecker
Liepe
Sandförde
Altstallberg
Viereck
Rothenburg
Jatznick
Bahnhof Jatznick
Wilhelmsthal
Belling
Dargitz
Groß Spiegelberg
Klein Luckow
Schönwalde
Blumenhagen
Groß Luckow
Hansfelde
Rosenthal
Schwarzensee
Schönhausen
Klepelshagen
Neuensund
Rothemühl
Gehren
Heinrichswalde
Wilhelmsburg
Mariawerth
Große Wiese
Friedländer
Ferdinandshof
Aschersleben
Heinrichsruh
Blumenthal
Sprengersfelde
Louisenhof
Altwigshagen
Demnitz
Annenhof
Heinrichshof
Lübs
Neuendorf A
Kalkstein
Busow
Bugewitz
Leopoldshagen
Rosenhagen
Ducherow
Rathebur
Kosenow
Neu Kosenow
Rossin
Dargibell
Stretense
Auerose
Woserow
Gellendin
Pelsin
Wusseken
Schmuggerow
Schwerinsburg
Putzarer See
Löwitz
Wietstock
Schwichtenberg
Klockow
MPSB Schmalspurbahn
Fleethof
Kotelow
Galenbecker See
Galenbeck
Wittenborn
Rohrkrug
Matzdorf
Voigtsdorf
Strasburg (U.)
Klein Daberkow
Nonnendorf
Voddow
Rubenow
Groß Ernsthof
Netzeband
Katzow
Schalense
Pritzier
Hohendorf
Sauzin
Ziemitz
Buddenhagen
Hohensee
Zemitz
Steinfurth
Wahlendow
Bömitz
Groß Bünzow
Klein Bünzow
Rubkow
Krenzow
Daugzin

Im Sonnenwinkel

„Badewanne Berlins" pflegte man einst die Kaiserbäder Ahlbeck, Heringsdorf und Bansin zu nennen. Heute strömt das Publikum aus ganz Deutschland und dem Ausland an den längsten Strand Europas.

1 Karlshagen

Karlshagen (3200 Einw.) hat einen der breitesten und saubersten Strände der Insel.

UMGEBUNG
Die Technikgeschichte der nationalsozialistischen Heeresversuchsanstalt, die in **Peenemünde** (8 km nördl.) die ersten Raketen entwickelte, zeigt das Historisch-Technische Museum (HTM) im ehem. Kraftwerk (Bahnhofstraße, www.museum-peenemuende.de; April bis Sept. tgl. 10.00–18.00, sonst Di.–So. 10.00–16.00 Uhr). Auf demselben Gelände befindet sich die **Phänomenta**, die naturwissenschaftliche Phänomene spielerisch nahebringt (Museumstraße 12, Tel. 038371/2 60 66, www.phaenomenta-peenemuende.de; Mitte März–Anf. Nov. tgl. 10.00 bis 18.00 Uhr, sonst auf Anfrage). Eine große Zahl Spielzeuge aus der DDR und vieles andere mehr sind im **Spielzeugmuseum** zu sehen (Museumsstraße 14, www.usedom-spielzeugmuseum.de; tgl. 10.00–16.00 Uhr, im Sommer länger). Etwas fürs Auge und Gemüt ist die **Schmetterlingsfarm** 6 km südl. in Trassenheide (Wiesenweg 5, Tel. 038371/2 82 18, www.schmetterlingsfarm.de; März–Okt. tgl. 10.00 bis 19.00, sonst tgl. 10.00–17.00 Uhr).

INFORMATION
Tourist-Information, Hauptstraße 4,
17449 Ostseebad Karlshagen,
Tel. 038371/5 54 90, www.karlshagen.de

2 Zinnowitz

Feinster Sand am Strand, eine Tauchgondel und die Vineta-Festspiele (siehe „Unsere Favoriten", S. 90/91) charakterisieren das noble Seebad (4000 Einw.) im Norden der Insel.

SEHENSWERT
Die **Seebrücke** selbst ist schlicht, ein Hingucker dafür die **Tauchgondel**, mit der man fast bis auf den Meeresgrund abtauchen kann; eine Tauchfahrt dauert 30–40 Min. (Tel. 038377/3 78 61, www.tauchgondel.de; Juni–Aug. tgl. 10.00–21.00, April, Mai, Sept., Okt. bis 19.00, Nov.–März tgl. 11.00–16.00, im Winter außerhalb der Ferien Mo./Di. geschl.).

RESTAURANT
€€ **Zum Smutje** (Vinetastraße 5a, Tel. 038377/4 15 48, www.zum-smutje.de; Di. Ruhetag) ist eines der besten Fischrestaurants auf der ganzen Insel.

Oben: Blick auf die Seebrücke von Heringsdorf, mit 508 m Länge die längste ihrer Art in Deutschland.Der pyramidenartige Aufbau an ihrem Ende birgt ein Restaurant. Rechts: Strandkorbherstellung „Korbwerk" in Heringsdorf.

UMGEBUNG
An der schmalsten Stelle der Insel liegt **Lüttenort**, wo Otto Niemeyer-Holstein (1896–1984) lebte und wirkte. Heute sind Wohnhaus, Atelier und Garten des Malers Museum und Galerie, in dem auch Lesungen und Malkurse stattfinden (www.atelier-otto-niemeyer-holstein.de; Mitte April–Mitte Okt. tgl. 10.00–18.00, sonst Mi., Do., Sa. und So. 10.00–16.00 Uhr).

INFORMATION
Haus des Gastes,
Neue Strandstraße 30,
17454 Ostseebad Zinnowitz,
Tel. 038377/49 20, www.zinnowitz.de

3 Kaiserbäder

Bansin, **Heringsdorf** und **Ahlbeck** haben sich zu einer Gemeinde mit dem noblen Namen „Kaiserbäder" (8700 Einw.) mit gemeinsamer Strandpromenade zusammengetan.

SEHENSWERT
In allen drei Seebädern gibt es herrliche Zeugnisse der **Bäderarchitektur** TOPZIEL. Im Heringsdorfer Kurpark steht der größte Strandkorb der Welt. **Ahlbecks Seebrücke** (1898) ist die älteste erhaltene an der deutschen Ostseeküste, die von **Heringsdorf** (508 m) ist die längste.

MUSEEN
An illustre Literaten wie die Gebrüder Mann, Leo Tolstoi und Theodor Fontane erinnert das Heringsdorfer **Museum Villa „Irmgard"**. Ein eigener Gedenkraum ist Maxim Gorki gewidmet (Maxim-Gorki-Straße 13, Tel. 038378/2 23 61; Juni–Sept. Di.–So. 12.00–18.00, sonst Di., Do.–Sa. 12.00–16.00 Uhr). Dem Bansiner Schriftsteller **Hans Werner Richter** (1908 bis 1993) ist das gleichnamige Literaturhaus gewidmet (Waldstraße 1; Di.–Fr. 10.00–18.00, Sa. und So. ab 12.00, Sept.–Juni nur bis 16.00 Uhr).

VERANSTALTUNG
Ende Sept./Anf. Okt. **Usedomer Musikfestival** (siehe „Unsere Favoriten", S. 90/91)

HOTELS UND RESTAURANT
Im €€€€ **Seehotel Esplanade** wohnt man fein hinter Jugendstilfassaden in einem ehem. Herrenhaus mitten im Ort (Seestraße 5, 17424 Heringsdorf, Tel. 038378/700, www.seetel.de). Praktisch für Golfer, hell und wohnlich einge-

richtet mit freundlich-professionellem Service ist das **€€ / €€€ Baltic Hills Usedom.** Sehr schön sind die Zimmer abseits des Parkplatzes: Sie öffnen sich auf die Wiesen und Hügel des Golfplatzes (Hauptstraße 10, 17419 Korswandt, Tel. 038378/80 50 70, www.baltic-hills-usedom.de).

UMGEBUNG
In **Kamminke** (16 km südl.) erinnert die Gedenkstätte auf dem **Golm** an eines der entsetzlichsten Geschehen im Zweiten Weltkrieg: Als am 12. März 1945 Swinemünde von amerikanischen Streitkräften bombardiert wurde, befanden sich über Zehntausend Flüchtlinge aus Ostpreußen in der Stadt. Die Bombenopfer wurden in einem Massengrab auf dem Golm beigesetzt, dem mit 69 m höchsten Hügel Usedoms. Nahe Ahlbeck liegt die polnische Grenze und jenseits davon **Swinemünde (Świnoujście)**, die mit 41 000 Einw. größte Stadt auf Usedom. Eine Fähre verbindet das Zentrum mit den auf der Insel Wolin gelegenen Stadtteilen. Es lohnt ein Gang ins Museum für Hochseefischerei (Plac Rybaka 1, www.muzeum-swinoujscie.pl; Mo.–Fr. 9.00–19.00, Sa. bis 17.00, So. 10.00–15.00 Uhr).

INFORMATION
Tourist-Informationen: 17419 Seebad Ahlbeck, Dünenstraße 45, Tel. 038378/49 93 50
17429 Seebad Bansin, An der Seebrücke, Tel. 038378/4 70 50
17424 Seebad Heringsdorf, Delbrückstr. 33, Tel. 038378/ 24 51
www.kaiserbaeder-auf-usedom.de

4 Usedom

Das kleine Städtchen (1800 Einw.) gab der ganzen Insel seinen Namen.

SEHENSWERT
Erstaunlich groß für so eine kleine Stadt: die **Marienkirche** (14. Jh., mehrfach umgebaut). Die Besonderheiten der Inselnatur bringt die **Informationsstelle des Naturparks Usedom** im alten Bahnhof näher; auf Entdeckungstour geht man hier am besten per Rad und schließt sich einer der geführten Touren an (www.naturpark-usedom.de; Mai–Sept. Mo.–Fr. 10.00–18.00, Sa. 10.00–14.00, sonst Mo.–Fr. 10.00–16.00 Uhr).

HOTEL UND RESTAURANT
Zu empfehlen ist der **€€ Rankwitzer Hof**. Wer sich in einer einfachen, gemütlichen Gaststube im Hinterland wohlfühlt, gute, bodenständige Küche ohne Schnickschnack schätzt, Wild und Fisch liebt, der ist hier richtig. Mit acht Zimmern und einer Ferienwohnung (Dorfstraße 15, 17406 Rankwitz, Tel. 038372/ 7 05 63, www.rankwitzer-hof.de).

Oben: Mit dem Solarboot auf der Peene in eine Welt der Ruhe und Freiheit. Rechts oben: Nur wenige Kilometer von der Küste entfernt lässt wie hier bei Benz der Touristenandrang deutlich nach. Darunter: Eingebettet in eine herrliche Parklandschaft liegt die Villa Oppenheim (Heringsdorf).

Tipp

Zu Besuch im Wasserschloss

An Sommertagen ist der Ansturm auf die Terrasse des **€€ / €€€ Wasserschlosses Mellenthin** gewaltig. Dann lohnt es sich, das Schloss zu umrunden, rückseitig findet sich eine noch viel schönere Terrasse. Mellenthin umfasst Brauerei, Café, Restaurant, Kafeerösterei in der ehem. Kapelle und Hotel. Über die Brücke darf aber nur, wer Wegezoll bezahlt hat …

WASSERSCHLOSS MELLENTHIN
Dorfstraße 25, 17429 Mellenthin,
Tel. 038379/2 87 80,
www.wasserschloss-mellenthin.de

UMGEBUNG
Herrlich ruhig ist die nördlich gelegene Halbinsel **Lieper Winkel** zwischen Peenestrom und Achterwasser nördlich. Bergsteigerqualitäten sind nicht erforderlich, um den 19 m hohen Jungfernberg nördlich von Rankwitz zu bezwingen, der einen Blick über diese wenig besuchte Landschaft erlaubt. Ein rühriger Förderverein widmet sich dem Erhalt der drei sehenswerten Dorfkirchen von **Liepe** (1216 erwähnt), **Mellenthin** (14. Jh.) und **Morgenitz** (15. Jh.).

INFORMATION
Stadtinformation, Bäderstraße 5,
17406 Usedom, Tel. 038372/7 08 90,
www.stadtinfo-usedom.de

5 Anklam

Einst eine bedeutende Hansestadt, dient Anklam (12 700 Einw.) heute meist als Station auf dem Weg nach Usedom. Berühmtester Sohn der Stadt ist Otto Lilienthal (1848–1896).

SEHENSWERT
Wie die gesamte Stadt wurde auch die gotische **Nikolaikirche** mit ihrem 103 m hohen Turm im Zweiten Weltkrieg fast komplett zerstört. Nach Abschluss des Wiederaufbaus wird in das Bauwerk das **Ikareum** einziehen, ein Hängegleitermuseum, das dem Flugpionier Otto Lilienthal gewidmet ist, dessen grundlegenden Untersuchungen von Modellflügeln und eigene erfolgreiche Flugversuche in den Jahren 1891 bis 1896 ein Jahrzehnt später zur Verwirklichung des Motorflugs durch die Gebrüder Wright führten. Nicht versäumen: der Aufstieg zur Aussichtsterrasse, die einen weiten Blick über Stadt und die sich breit dahinwälzende Peene erlaubt (www.nikolaikirche anklam.de; Mitte Mai–Okt. Di.–Fr. 10.00–17.00, Sa.. So. Fei. ab 13.00 Uhr). In der urspr. romanischen **Marienkirche** sind Ausmalungen aus der Zeit um 1320 erhalten; ihr 100 m hoher Turm überragt die Stadt.

MUSEEN
Hauptattraktion Anklams ist das **Otto-Lilienthal-Museum**. Hier erfährt man alles rund um den Traum vom Fliegen und seiner Verwirklichung durch Lilienthal und andere, die ihren Forscherdrang oft mit dem Leben bezahlten. Immer dicht umlagert: die Versuchsstationen, die Auftrieb und andere flugphysikalische Phänomene veranschaulichen (Ellbogenstraße 1, Tel. 03971/24 55 00, www.lilienthal-museum.de; Juni–Sept. tgl. 10.00–17.00, Mai und Okt. Di.–Fr. 10.00–17.00, Sa. und So. 13.00–17.00, Nov. bis April Mi.–Fr. 11.00–15.30, So. 13.00–15.30 Uhr).

Im Otto-Lilienthal-Museum in Anklam erfährt man alles rund um den Traum vom Fliegen und seiner Verwirklichung.

Stadtgeschichte vermittelt das **Museum im Steintor** (Schulstraße 1, Tel. 03971/24 55 03, www.museum-im-steintor.de; Mai–Sept. Di.–Fr. 10.00–17.00, Sa. und So. 13.00–17.00, sonst Mi.–Fr. 11.00–15.30, So. 13.00–15.30 Uhr).

AKTIVITÄTEN

Mit **Kajak, Kanu und Hausboot** lässt sich die faszinierende **Flusslandschaft der Peene** TOPZIEL ganz in Ruhe erkunden. (Kanu-, Bootsverleih: Abenteuer Flusslandschaft, Tel. 03971/24 28 39, www.abenteuer-flusslandschaft.de; Kanustation Anklam, Werftstraße 6, Tel. 03971/24 28 39, www.kanustation-anklam.de)

HOTEL UND RESTAURANT

Immer gut besucht und mit gemütlich-familiärem Ambiente: die **€€ Ackerbürgerei**. Do. wird Dinkelpizza aus dem Holzofen gebacken und verkauft (Lange Straße 55, 17440 Lassan, Tel. 03837/4 51 11, www.ackerbuergerei.de). Hervorragende Wildgerichte, ausgewählten fränkischen Wein und vier wohnliche Zimmer bietet der **€€ Gasthof zur Linde** (Pinnow 7, 17390 Murchin-Pinnow, Tel. 03971/24 52 10, www.mein-kleiner-gasthof.de).

UMGEBUNG

Lassan (18 km nordöstl.) ist ein verschlafenes Landstädtchen, lohnt aber trotzdem den Besuch. Man schlendert auf Kopfsteinpflaster zum Hafen und schaut den Möwen zu. Einen ganzen Strauß von kreativen Ideen haben verschiedene Kooperativen im **Lassaner Winkel** unter dem Stichwort „Kräuter, Kunst und Himmelsaugen" verwirklicht (www.lassaner-winkel.de). Es lockt u. a. der Kräutergarten Pommerland in Pulow, wo man online Kräuter bestellen kann und auf Kräuterführungen die heilenden Kräfte von Brennessel, Schafgarbe und anderen kennenlernt (www.kraeutergarten-pommerland.de). Wie Kräuter wachsen, blühen und duften erfährt man im Duft- und Tastgarten Papendorf bei Lassan (www.mirabell-ev.de). Auch der Abstecher nach Norden lohnt sich: erst ein Blick auf die barocken Deckenmalereien der Feldsteinkirche von Wehrland-Bauer (Schlüssel beim Küster im Haus gegenüber), dann die Straße von Wehrland aus nach Südw. nehmen und die „Hünenbetten" erkunden, mächtige Megalithgräber der Jungsteinzeit.
In **Ueckermünde** (36 km südöstl.) gibt es ein Haffmuseum (Am Rathaus 3, Tel. 039771/2 84 42, www.uecker muende.de; Juni–Aug. Di.–So. 10.00–17.00, März bis Mai, Sept. und Okt. Mi.–Fr. 10.00–12.00 und 13.00–17.00, Sa. 13.00–17.00, Nov.–Feb. Do., Fr. 10.00–15.30 Uhr). Das Freilichtmuseum Ukranenland in **Torgelow** (36 km südöstl.) lässt slawische Zeiten lebendig werden, mit historischen Handwerksvorführungen (Jatznicker Straße 31, Tel. 03976/20 23 97, www.ukranenland.de; Mai, Juni, Sept. tgl. 10.00–16.00, Juli, Aug. bis 17.00, Okt. Mo.–Fr. 10.00–16.00 Uhr).

INFORMATION

Anklam-Information, Markt 3, 17389 Anklam, Tel. 03971/83 51 54, www.anklam.de

Genießen Erleben Erfahren

DuMont Aktiv

Radeln am Stettiner Haff

Usedom eignet sich perfekt zum Radfahren. Ein Fernradweg führt in acht Tagen rund ums Stettiner Haff. Ausgangspunkt ist Ueckermünde am südlichen Haffrand. Von dort führt der Weg zunächst nach Mönkebude. Dann verlässt man die Küste, um durchs Landesinnere, vorbei an raschelndem Schilf, durch den Naturpark Stettiner Haff Richtung Anklam zu strampeln.

Beim Verlassen der alten Hansestadt Richtung Libnow passiert man das eindrucksvolle Peenemoor. Die Zecheriner Klappbrücke führt nach Usedom zunächst zum gleichnamigen Ort, folgt dem Haff bis Garz. Wer nach Kamminke fährt und den Golm besucht, hat den besten Überblick auf die ganze Insel. Nordwärts radelnd sind die Seebäder Heringsdorf und Ahlbeck erreicht. Von dort führt der Weg immer ostwärts an der Küste entlang über die polnische Grenze nach Swinemünde zum Seebad Misdroy. Dort verlässt man Strand und Meer, um durch den Wolinski-Nationalpark nach Wolin und Stettin zu radeln. Organisierte Touren ohne Gepäck bieten für die Strecke zwischen Wolin und Stettin einen Bustransfer an, da sie lang und relativ reizlos ist. Auch der Folgetag beginnt mit einem Bustransfer bis zum deutschen Städtchen Löcknitz. Dort führt der Radweg durchs Landesinnere zurück an den Startpunkt Ueckermünde.

Die Radwege sind auf der deutschen Seite sehr gut, auf der polnischen noch im Ausbau – in der Regel werden Radler hier auf wenig befahrene Landstraßen geleitet. Kartenmaterial sollte man unbedingt griffbereit haben.

Weitere Informationen

Tourismusverband Vorpommern, Fisch-straße 11, 17489 Hansestadt Greifswald, Tel. 03834/ 89 11 89, www.vorpommern.de und www.ostsee-radtouren.de.

Touranbieter: Mecklenburger Radtouren, Zunftstraße 4, 18437 Stralsund, Tel. 03831/ 30 67 60, www.mecklenburger-radtour.de

Tagesstrecken: 30–60 km

Unterkünfte: Zeltplätze sind fast überall verfügbar, gute Hotelauswahl in Ueckermünde, Anklam, Heringsdorf/Ahlbeck, Swinemünde und Stettin.

Die besten Bio-Hotels

Grüner wohnen

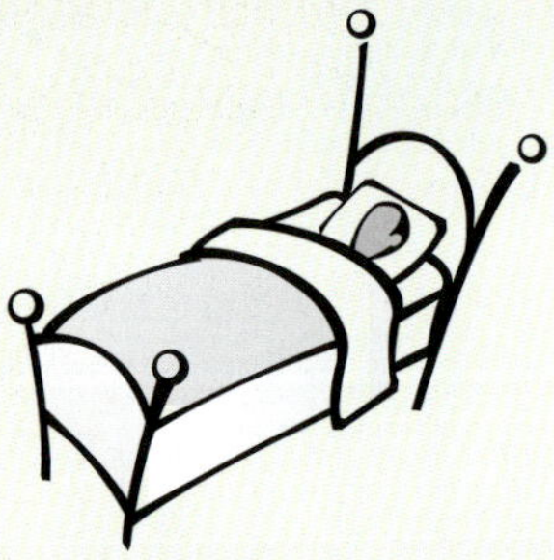

Urlaub machen und gleichzeitig die Umwelt schonen? Klingt gut. Zwar ist die Zahl der Unterkünfte im „grünen“ Segment an der Ostseeküste – noch – überschaubar, aber es ist durchaus möglich, ökologisch korrekt und mit allem Komfort eines modernen Hotels zu nächtigen.

1 Gutshaus Parin

Das Gutshaus mit seinen alten Bäumen, Blumenbeeten und dem Teich wirkt schon optisch sehr naturnah. Eine Solaranlage speist die Kraft der Sonne in ein Biomasseheizwerk ein, das mit einer Pelletheizung ergänzt wird und an kalten Tagen CO_2-neutral Wärme spendet. Eine Netzfreischaltung sorgt dafür, dass mit Löschen der letzten Lampe der Raum frei wird von elektromagnetischen Feldern. Mit Lehm verputzte Wände erzeugen ein angenehmes Raumklima. Die Eichenböden sind mit Naturöl eingelassen, alle in den Innenräumen verwendeten Farben sind biozertifiziert, das Duschwasser wird aufbereitet und in den Toiletten wiederverwendet. Was in der Küche verarbeitet wird, kommt aus der Region oder aus dem hauseigenen Bioanbau. Schön: das Seminarangebot von Ayurveda bis Achtsamkeit.

Gutshaus Parin, Wirtschaftshof 1, 23948 Parin
Tel. 03881/75 68 90
www.gutshaus-parin.de

2 Gutshaus Stellshagen

Der Klützer Winkel wird für seine Beschaulichkeit geschätzt. Das Meer ist nah, die Felder sind weit, und der Himmel wölbt sich in einem enormen Blau über der flachen Landschaft. Gutshaus und Nebengebäude fügen sich bestens in die stille Atmosphäre dieses Landstrichs südlich von Boltenhagen ein. Zum zertifizierten Bio- und Gesundheitshotel mit Saunahaus und Badeteich gehören eigene Gemüsefelder. Was dort geernt wird, kommt frisch auf den Tisch. Wen es fortzieht, der nutzt die hoteleigenen E-Bikes. Das Zimmerangebot erstreckt sich auf mehrere Gebäude, am charmantesten wohnt man im Gutshaus. Besonderes Plus: das TAO-Gesundheitszentrum.

Hotel Gutshaus Stellshagen, Lindenstr. 1, 23948 Damshagen-Stellshagen, Tel. 038825/4 40, www.gutshaus-stellshagen.de

3 Ginko Mare

Die Lage des Hotels ist ideal: mitten im Nationalpark Vorpommersche Boddenlandschaft. Zu Fuß sind es bis zum Nordstrand zehn, bis zum legendären Weststrand 30 Minuten. Hier ruht man in allergikerfreundlichen Betten, freut sich an den handgefertigten Birkenholzmöbeln, wandelt auf Eichenparkett. Die Zimmer sind zwar nicht groß, haben aber Netzfreischaltung und werden mit Hilfe von Erdwärme geheizt. Morgens macht das Bio-Vollwert-Frühstück munter; auf Wunsch laktose- und glutenfrei. Beim Entspannen/Zentrieren helfen die hier angebotenen Yoga- und Meditationsstunden.

Ginko Mare, Buchenstraße 41a, 18375 Ostseebad Prerow, Tel. 038233/70 13
www.ginkomare.de

4 Kinder- & Familienhotel Gut Nisdorf

Das Kinder- & Familienhotel Gut Nisdorf bietet als zertifiziertes Biohotel eine möglichst gesunde Umgebung: Die Zimmer und Appartements sind mit Vollholzmöbeln ausgestattet, geputzt wird mit Ökoreinigungsmitteln, das Regenwasser wiederverwendet. Die Küche setzt auf biologische Lebensmittel aus der Region. Das direkt am Vorpommerschen Bodden gelegene Haus umgibt ein riesiges Gartengelände, auf dem Kinder spielen und Gemüse ernten dürfen. Im Frühjahr und Herbst machen die Kraniche auf den Wiesen rund ums Gut Station.

Kinder- & Familienhotel Gut Nisdorf, Grabowerstr. 14 18445 Nisdorf, Tel. 038323/25 10, www.gut-nisdorf.de

5 Haus Gaia

Auch Ferienwohnungen können ökologisch korrekt sein: Wie bei einem Haus mit Namen Gaia zu erwarten, bezieht das Anwesen in Heringsdorf die Heizenergie aus einer Erdwärmeanlage. Die Sonne, die auf Usedom so reichlich scheint, wird angezapft, um Warmwasser zu erzeugen; durch die Toiletten rauscht Regenwasser. Zwar sind die Zimmer klein, doch Ute und Dietmar Pühler haben sie nach baubiologischen Gesichtspunkten renoviert und lassen Feng-Shui-Prinzipien walten. Haustiere sind nicht gestattet – den Allergiker freut's.

Haus Gaja, Im Seefeld 15, 17424 Ostseebad Heringsdorf, Tel. 038378/4 73 78, www.haus-gaja-usedom.de

6 Gutshof Insel Usedom

Mitten auf Usedom liegt das Wasserschloss Mellenthin. Zu diesem gehörte auch ein Gutshof, Keimzelle des heutigen Hotels. Das Gebäude wurde um 1900 aus warmroten Klinkersteinen erbaut, nach der Wende umfangreich saniert und zum zertifizierten BIO-Hotel umgebaut. Hier kommt Ökostrom aus der Steckdose, die Lebensmittel stammen aus ökologischem Landbau – sogar von den eigenen Feldern. Die Ernte wird im Biorestaurant weiterverarbeitet, etwa zu den Frischkornwaffeln, Vollwertpizzen und anderen mediterran angehauchten Spezialtäten. Für besonders romantische Stimmung sorgt das Storchennest auf dem Dach.

Gutshof Insel Usedom, Dorfstraße 24, 17429 Mellenthin, Tel. 038379/2 07 00, www.gutshof-usedom.de

Ob zu Fuß (oben: Fernwanderweg E9) oder mit dem Schiff (rechts: Sonnenuntergang vor Warnemünde) – der Weg ist das Ziel. Rechts oben: Strandkörbe in Binz auf der Insel Rügen.

Service

Praktische Informationen für die Reise und einiges Wissenswerte über die Ostseeküste und Mecklenburg-Vorpommern haben wir hier für Sie zusammengetragen.

Anreise

Auto: Wichtigste Anreisestrecke ist die Küstenautobahn A 20 von Lübeck nach Stettin (Polen). Sie führt parallel der Küste durchs Hinterland. Die A 19 verbindet Berlin mit Rostock, die A 14 Schwerin mit Wismar.
Nach Usedom führen die B 110 bzw. B 111. Achtung: Die Zecheriner Brücke und die Wolgaster Brücke werden mehrmals tgl. für ca. 15 Min. gesperrt (Info-Tel. 0381/20 67 18 44).
Seit 2007 entlastet die Rügenbrücke den zuvor stets überfüllten Rügendamm deutlich. Staufrei kommt man zur Hochsaison dennoch eher selten auf die Insel. Wer sich vorab über Baustellen informieren möchte, kann www.strassenbau verwaltung.mvnet.de nutzen.
Bahn: Intercitys verkehren mehrmals am Tag an die Ostseeküste, nach Rügen und nach Usedom. Fahrplanauskunft, Reservierungen, Spartickets, Buchungen unter Tel. 0180/6 99 66 33 bzw. www.bahn.de. Eine automatische DB-Fahrplanauskunft bietet kostenlos die Tel. 0800/1 50 70 90. Der Rasende Roland verbindet seit 1895 Lauterbach, Putbus, Binz, Sellin, Baabe, Göhren (www.ruegensche-baederbahn.de). Die Bäderbahn Molli verkehrt zwischen Bad Doberan, Heiligendamm und Kühlungsborn (www.molli-bahn.de).
Bus: Mehrere Fernbusunternehmen steuern von deutschen Großstädten aus Ziele an der Ostseeküste an, darunter FlixBus (www.flixbus.de).
Fähren nach Hiddensee: Die Reederei Hiddensee (Tel. 03831/2 68 10, www.reederei-hiddensee.de) verbindet Hiddensee mit Schaprode, Stralsund, Wiek, Barth, Dranske und Zingst. Wer es eilig hat, nach Hiddensee zu kommen, nutzt das Wassertaxi ab Stralsund oder Schaprode (Hiddenseer Taxiring, Tel. 038300/2 10, www.reederei-hiddensee.de).
Fähren nach Rügen: Die Weiße Flotte (Tel. 03831/2 68 10, www.weisse-flotte.de) bedient die Strecken zwischen Stralsund und Altefähr sowie zwischen Stahlbrode und Glewitz.
Flug: national ganzjährig von/bis Airport Rostock-Laage (Tel. 038454/32 13 90, www.rostock-airport.de; 28 km von Rostock), national von April bis Okt von/bis Heringsdorf/Usedom (Am Flughafen 1, Zirchow, Tel. 038454/25 00, www.flughafen-heringsdorf.de). International ab/bis Flughafen Hamburg (Tel. 040/50 75 0, www.hamburg-airport.de) und Berlin Tegel bzw. Schönefeld (Tel. 030/60 91 11 50, www.berlin-airport.de).

Auskunft

Überregional: Tourismusverband Mecklenburg-Vorpommern e. V., Konrad-Zuse-Str. 2, 18057 Hansestadt Rostock, Tel. 0381/4 03 05 00, www.auf-nach-mv.de
Bäderverband Mecklenburg-Vorpommern e. V., Konrad-Zuse-Straße 2, 18057 Handestadt Rostock, Tel. 0381/ 80 89 93 80, www.mv-baeder verband.de
Regional: Verband Mecklenburgischer Ostseebäder e.V., Konrad-Zuse-Str. 2, 18057 Hansestadt Rostock, Tel. 0381/80 89 26 70, www.ostseeferien.de
Tourismusverband Vorpommern e. V., Fischstraße 11, 17489 Hansestadt Greifswald, Tel. 03834/89 10, www.vorpommern.de
Tourismusverband Fischland-Darß-Zingst e. V., Barther Straße 16, 18314 Löbnitz, Tel. 038324/64 00, www.tv-fdz.de
Tourismuszentrale Rügen GmbH, Circus 16, 18581 Putbus, Tel. 03838/80 77 80, www.ruegen.de
Usedom Tourismus GmbH, Hauptstr. 42, 17459 Koserow, Tel. 038375/24 41 44, www.usedom.de

Internet: www.meckpomm.de: Buchungsportal der Zeitung Nordkurier, mit vielen Tipps rund um Freizeitmöglichkeiten.
www.m-v.de und www.mv-tut-gut.de: Portale der Landesregierung mit Hintergrundinformationen rund um Mecklenburg-Vorpommern inklusive Tourismus, Veranstaltungen, Bildung und Wissenschaft.
www.kultur-mv.de: interessante, themenbezogene Webseite des Ministeriums für Bildung, Wissenschaft und Kultur.
www.landurlaub.m-vp.de: Suchfunktion für Hofläden, Direktvermarkter, Ferienwohnungen und Unterkünfte.
www.ostsee.de: umfassende Website rund um Unterkunft, Sport, Freizeit, und auch zu Strandfunden, „Hühnergöttern" und „Donnerkeilen" (beides Feuersteine).

Essen und Trinken

Die regionale Küche an der Ostseeküste zeichnet sich überwiegend durch eine solide, sättigende Kost aus. Interessant ist der Hang zur Kombination aus salzig und süß, was auf kulinarische Inspirationen aus der Schwedenzeit zurückgeführt wird. Jüngster Trend: die „Neue pommersche Küche", die traditionelle Gerichte um ungewohnte Zutaten bereichert.
Hauptgerichte: Eine zentrale Rolle unter den landestypischen Speisen kommt **Fisch und Meeresfrüchten** zu. **Hering** ist der meistge-

Köstlich: Räucherfisch wird in der ganzen Region immer gern gegessen.

fangene und -gegessene Fisch an der Ostseeküste. Das ehemalige Arme-Leute-Essen gibt es in allen erdenklichen Varianten, gebraten, geräuchert, gebacken, gekocht, als Bückling (geräucherte grüne Heringe) und eingelegt als sauren Bismarckhering. Reift der Hering in einer milden Salzlake, heißt er Matjes, beträgt der Salzgehalt der Lake über 20 %, spricht man von Salzhering; aufgerollt wird der in Salz und Essig eingelegte Hering zum Ostseerollmops. Besonders beliebt und ideal als Zwischenmahlzeit: Hering aus der Fischbude zwischen zwei Brötchenhälften. Moderne Varianten der Zubereitung sind beispielsweise Heringspralinen und Heringsravioli. Einen Überblick über die jüngsten Kreationen verschaffen die Usedomer Heringswochen, bei denen alle Küchenchefs ihre Neuheiten servieren. Weitere, häufig angebotene Speisefische sind **Aal, Dorsch, Hecht, Scholle** und **Zander.** Teils kommen sie frisch aus Meer und Bodden bzw. Fluss und See, teils werden sie tiefgekühlt geliefert. Ein sehr selten gewordener Fisch ist der Ostseeschnäpel: ein Raubfisch mit zartrosa Fleisch, der auch Steinlachs genannt wird. Dank künstlicher Anzuchten in Naturgewässern ist er wieder erhältlich. Übliche Beilage zu Fleisch- und Fischgerichten sind Pellkartoffeln. Kartoffeln werden auch Tüften genannt. Kartoffelbrei bzw. Kartoffelpürree nennt sich Kartoffelstampf.
Labskaus ist an der ganzen Küste gängig. Das alte Seemannsgericht besteht ursprünglich aus gepökelter Rinderbrust, Zwiebeln, Rote Bete (Rote Rüben) und Kartoffeln – Abwandlungen sind üblich. Sämtliche Zutaten werden nach dem Kochen durch den Fleischwolf gedreht; der rötliche Brei wird dann mit Matjesfilets, Spiegelei und Bauernbrot serviert.
Beim pommerschen **Betenbarsch** handelt es sich nicht um ein Fischgericht, sondern um eine Gemüsesuppe mit Rindfleisch, die ihren Stich ins Rötliche der Roten Bete verdankt. Ebenfalls ein Klassiker der pommerschen Küche sind **Schmandklopse** mit Kapern, eng verwandt mit den aus Preußen stammenden Königsberger Klopsen. Auf Rügen gehört Schweinegulasch zu den Hausrezepten ebenso wie **Aalsuppe.** In Vorpommern züchtet man pommersche **Mastgänse.** Diese kommen gefüllt mit Kastanien und Äpfeln auf den Tisch. Typisch ist auch die Zubereitung als gebratene Gänsekeulen mit Rosenkohl. Das Gänseklein wird als Sülze serviert und nennt sich dann Gänseweißsauer. Hinter „Himmel und Erde" verbirgt sich Pommersche Blutwurst auf Kartoffelbrei.
Dessert: Eine wichtige Rolle in der Küche spielt **Sanddorn**. Nach Sanddorncreme mit Schlagsahne lecken sich auf Rügen die Nachtischfreunde die Finger. Ebenfalls ein Gedicht: Sanddorntorte und Sanddornwein.
Getränke: An der Ostsee trinkt man traditionell **Bier** – einst auch ein geschätztes Exportgut der Hansestädte. Die Brautradition lässt sich bis 1172 zurückverfolgen. 1827 gegründet,

Info

Daten & Fakten

Landesnatur: Die Landschaft der Ostseeküste ist ein Produkt der letzten Eiszeit. Im Westen beginnt das Bundesland mit dem Klützer Winkel, an der Küste liegen die Städte Wismar und Rostock. Letztere ist die größte Stadt Mecklenburg-Vorpommerns. Die Recknitz bei Ribnitz-Damgarten bildet die Grenze zu Vorpommern. Darß, Hiddensee, Rügen, Stralsund, Greifswald, Anklam und Usedom gehören zu Vorpommern. Rügen und Usedom sind Deutschlands größte Inseln. Weitere größere Inseln an der Ostsee sind Poel, Ummanz und Hiddensee, wichtigste Halbinsel ist Fischland-Darß-Zingst.
Die enorme Küstenlänge von 1568 km kommt durch die starke Zergliederung in Bodden und Haffs zustande. Die Außenküste selbst ist 337 km lang. Höchster Berg der Ostseeküste Mecklenburg-Vorpommern ist der 160 m hohe Piekberg auf Rügen. 63 % der Landesfläche werden landwirtschaftlich genutzt, 20 % sind Wald, knapp 8 % sind Siedlungs- und Verkehrsflächen, und der Anteil der Gewässer liegt bei etwa 6 %.
Klima: Wind, gemäßigte Temperaturen und wenige Niederschläge charakterisieren die Ostseeküste. Auf Ostrügen und Usedom bestimmen kontinentalere Einflüsse das Wetter; immer wieder kommt es zu Rekorden in der

Deutschlands größte (4097 m lange, 127,75 m hohe) Schrägseilbrücke verbindet Deutschlands größte Insel (Rügen, 926 km²) mit dem Festland.

Sonnenscheindauer. Viele Regentage in Folge sind an der Ostseeküste selten. Im Vergleich zum Binnenland beginnt an der Küste der Frühling später, obwohl die Winter milder sind.
Verwaltung und Bevölkerung: Mecklenburg-Vorpommern besteht aus sechs Landkreisen und zwei kreisfreien Städten. Landeshauptstadt ist Schwerin. Das Landeswappen zeigt den mecklenburgischen Stierkopf; daneben steht in der linken Hälfte des Wappens der rote pommersche Greif auf silbernem Grund. Im Bundesland Mecklenburg-Vorpommern leben rund 1,6 Mio. Menschen auf 23 210 km², also nur 69 Einw./km² (Bundesdurchschnitt 232 Einw./km²). Seit 1990 ist die Zahl der Einwohner um rund 300 000 zurückgegangen. Die Überalterung wächst. Die Arbeitslosigkeit liegt bei 8,6 % (Bundesdurchschnitt 5,3 %). Rund 16 % der Einwohner von Mecklenburg-Vorpommern sind Christen. Rund 254 000 Menschen gehören der evangelischen Kirche an, etwa 55 000 der katholischen Kirche.
Wirtschaft: Wichtige Wirtschaftszweige sind Tourismus, die Land- und die Ernährungswirtschaft. Große Chancen werden in der Stromerzeugung aus regenerativen Energiequellen sowie basierend auf Universitätsforschungen in der Bio- und Medizintechnik gesehen.

Spaß, Sport und Spiel: am Strand von Bansin (Usedom), bei der (Sanddorn-)Ernte, Radeln am Stettiner Haff (im Uhrzeigersinn von oben links).

gehört das Bier der Störtebeker Braumanufaktur zu den bekanntesten Bieren an der Küste und ist mittlerweile auch deutschlandweit zu bekommen. Die Hanseatische Brauerei Rostock, gegründet 1878, gehört heute zur Radeberger Gruppe. Lokale Biere liegen im Trend, und so eröffnen an vielen Orten wieder kleine Brauereien. Im Jahr 1999 nahm das Ostsee Brauhaus in Kühlungsborn den Betrieb auf. Auf Schloss Mellenthin auf Usedom wird seit dem Jahr 2011 gebraut. 2016 eröffnete auf Rügen im Dörfchen Rambin die „Insel-Brauerei". Sie produziert obergärige Biere, Sauerbiere und das Rügener Kreidebier. Besichtigung der Brauerei ist möglich (www.insel-brauerei.de).

Reisezeit

Die meisten Urlauber strömen während der Sommerferienzeit im Juli und August an die Küste. Im August erreicht das Meer seine maximale Wassertemperatur von ca. 18 °C. Mit Regen muss auch im Sommer gerechnet wer-

Info

Geschichte

10.–4. Jt. v. Chr.: Steinzeitliche Jäger und Sammler durchstreifen den Raum.
ab 3500 v. Chr.: Jungsteinzeit, erste Landwirtschaft. Großsteingräber werden angelegt.
ab 600 v. Chr.: Germanische Stämme werden in der Region fassbar.
4.–7. Jh.: Völkerwanderungszeit. Germanen verlassen das Gebiet, Slawen wandern ein.
983: Aufstand der Slawen gegen die sächsisch-deutschen Kaiser. Gründung der slawischen Obotriten-Festung Mecklenburg (Michelenburg = Große Burg; erwähnt 995).
12./13. Jh.: Kolonisation Mecklenburgs und Pommerns durch Bauern aus Nordwestdeutschland.
1160: Herzog Heinrich der Löwe von Sachsen und Bayern besiegt den Obotritenfürst Niklot; die slawische Bevölkerung wird zwangschristianisiert.
13.–17. Jh.: Hansezeit. Rostock (1218 gegr.), Wismar (1229 erw.), Stralsund (1234 gegr.), Greifswald (1248 erw.) und Anklam (1264 erw.) werden Hansestädte.
1370: Der Stralsunder Frieden beendet den Krieg zwischen Hanse und Dänemark um die Ostsee-Herrschaft.
1419: Gründung der Universität Rostock.
1456: Gründung der Universität Greifswald.
1534: Pommern wird protestantisch, 1549 folgt Mecklenburg.
1618–1648: Dreißigjähriger Krieg; Stralsund, Rügen, Usedom und Stettin werden schwedisch; es folgen Wismar, Neukloster und die Insel Poel.
1700–1720/21: Großer Nordischer Krieg. Preußen dehnt seine Herrschaft bis zur Peene aus; Usedom wird preußisch.
1793: Gründung des ersten deutschen Seebads am Heiligen Damm bei Bad Doberan.
1806–1820: Aufhebung der Leibeigenschaft.
1815: Wiener Kongress, Vorpommern wird preußisch. Mecklenburg verpachtet Wismar und die Insel Poel bis 1903 an das Königreich Schweden.
19. Jh.: Industrialisierung. 1850 Gründung der Rostocker Neptunwerft.
1885: Bau der ersten Seebrücke der Ostsee in Misdroy (heute Polen).
1914–1918: Erster Weltkrieg. Abdankung des deutschen Kaisers und der mecklenburgischen Großherzöge 1918. Mecklenburg wird Republik, Pommern bleibt bei Preußen.
1939–1945: Zweiter Weltkrieg.
1942: Erster Raketenstart in Peenemünde. Einsatz der V2 bei Bombardierung von London, Antwerpen und Lüttich. Rostock, Stralsund und Wismar werden bombardiert und schwer zerstört.
1945: Deutschland kapituliert, die Rote Armee besetzt Ostdeutschland. Die Siegermächte ziehen die Grenzen Europas neu. Deutschland muss große Teile Pommerns an Polen abtreten, die dort lebenden Deutschen werden vertrieben, der Fluss Oder zur neuen Ostgrenze.
1945–1949: Großgrundbesitzer werden enteignet, Bauernhöfe zu Landwirtschaftlichen Produktionsgenossenschaften (LPG) zusammengefasst. Gründung der DDR am 7. Okt. 1949.
1953: „Aktion Rose", Enteignungswelle von Hotelbesitzern an der Ostseeküste mit Schwerpunkt Rügen, rund 400 Unternehmer kommen aus nichtigen Gründen in Haft.
1961: Die DDR schließt die Grenze zur BRD vollständig, Mauerbau in Berlin. Viele „Republikflüchtlinge" versuchen in den Folgejahren die DDR über die Ostsee zu verlassen.
1974: In Greifswald-Lubmin nimmt das größte Kernkraftwerk Europas seinen Betrieb auf (Stilllegung 1995).
1989/1990: Mauerfall und Wiedervereinigung. Die DDR öffnet am 9. Nov. 1989 die Grenze nach Westen. Erste freie Wahl der Volkskammer im März 1990. Wiedervereinigung der beiden deutschen Staaten am 3. Okt. 1990.
ab 1990: Die DDR wird „abgewickelt". Zahlreiche Großunternehmen werden zahlungsunfähig, 50 000 Werftarbeiter demonstrieren an der Ostsee gegen ihre Arbeitslosigkeit, die in Mecklenburg-Vorpommern auf zum Teil 30 % wächst. BRD und EU investieren Milliarden in den „Aufbau Ost".
2002: Stralsunds und Wismars Altstädte werden eine gemeinsame UNESCO-Welterbestätte.
2005: Mecklenburg-Vorpommern überholt als Sommerreiseziel Bayern und Schleswig-Holstein.
2007: Die Rügenbrücke, die längste Brücke Deutschlands, wird für den Autoverkehr freigegeben. G8-Gipfel in Heiligendamm.
2008: In Stralsund eröffnet mit dem Ozeaneum der größte Museumsneubau Deutschlands.
2012: Eröffnung der Nord Stream Pipeline, die russisches Gas nach Europa bringt und bei Lubmin das Festland erreicht. Vor Fischland-Darß-Zingst Windpark Baltic 1 geht der Windpark Baltic 1 ans Netz.
2015: Inbetriebnahme von Windpark Baltic 2 vor Rügens Küste.
2016: SPD und CDU regieren gemeinsam.
2018: Im Rostocker Zoo eröffnet das Polarium für die Eisbären und Pinguine.

den. Schals, Mützen, Kopftücher oder sonstiger Windschutz sind ganzjährig zu empfehlen. Im September lässt der große Ansturm nach, die Hotelpreise sinken, die Straßen sind nicht mehr überlastet, trotzdem macht das Wetter meist noch mit; auch die Wassertemperaturen sind dann meist noch annehmbar.
Vogelfreunde schätzen vor allem die Monate März/April und Sept. bis November, wenn Kranichbalz und Vogelzug anstehen. Ab November bis in den März fällt der Tourismusbetrieb in den Winterschlaf, kurz unterbrochen von der Weihnachts- und Silvesterzeit. Dennoch haben viele Betriebe auch im Winter geöffnet, übrigens eine lohnende Reisezeit: Wenn es krachend kalt wird, haben verschneite Strände und Eisschollen durchaus einen gewissen Reiz.

Restaurants

Preiskategorien

€€€€	Hauptspeisen	über 25 €
€€€	Hauptspeisen	20–25 €
€€	Hauptspeisen	10–20 €
€	Hauptspeisen	unter 10 €

Um sich von der Konkurrenz abzuheben, setzen viele Restaurants auf qualitativ hochwertige Zutaten regionaler Herkunft. Restaurants, die mit Convenience-Food arbeiten, also mit aufgewärmten Fertiggerichten aus dem Beutel bzw. Tiefkühlkost, gibt es freilich auch an der Ostseeküste. Gourmetrestaurants finden sich überwiegend in den Seebädern.
Eine kleine Auswahl an Restaurants bieten die Infoseiten. Die Preiskategorien beziehen sich auf ein typisches Hauptgericht.

Sport

Angebote und Adressen vermittelt der Tourismusverband auf seiner Internetseite unter www.auf-nach-mv.de/aktiv.
Angeln: Das Angebot für Freizeitangler ist enorm. Bodden, Meer und Inlandsgewässer bieten die Möglichkeit, Hecht, Zander, Barsch und Dorsch zu angeln, natürlich auch Hering. Informationen rund um Bestände, Saison- und Schonzeiten sowie Mindestmaße unter www.auf-nach-mv.de/angeln. Wer angeln möchte, benötigt einen Fischereischein oder einen Touristen-Fischereischein. Dieser ist 28 Tage gültig und zum Preis von 24 € an 150 Ausgabestellen erhältlich. Er erspart eine umfangreiche Schulung inkl. Prüfung, welche die Voraussetzung für einen regulären Fischereischein ist. Das Land Mecklenburg-Vorpommern hält es für ausreichend, wenn die Touristen-Angler mittels einer Broschüre über Fischerei und Tierschutzsachkunde aufgeklärt werden. Eine Angelkarte ist auch für Touristen- Angler nötig (erhältlich beim Gewässer-Eigentümer). Touristeninformationen und Kurverwaltungen halten eine Broschüre bereit, die alle Angelregeln erläutert. Diese sind auch online abrufbar unter www.auf-nach-mv.de/angeln.
Golf: Viele schöne Golfplätze zieren Mecklenburg-Vorpommern. Elf von 17 Golfplätzen des Landes liegen an der Küste. Zu den Adressen, Öffnungszeiten und Spielkonditionen gibt der Golfverband Mecklenburg-Vorpommern Auskunft (Werner-von-Siemens-Straße 1, 19061 Schwerin, Tel. 0385/5 57 77 88, www.golfverband-mv.de).
Radfahren: Die Ostseeküste eignet sich perfekt zum Radfahren, sieht man vom eventuellen Gegenwind ab. Über Tages- und Rundtouren sowie die Radfernwege informiert der Tourismusverband auf seiner Internetseite www.auf-nach-mv.de/radwandern. In allen Seebädern kann man Räder leihen. Auf Usedom steht ein engmaschiges Verleihnetz für Elektrobikes zur Verfügung. Man zahlt direkt am Fahrradständer mit der Kreditkarte (24-Stunden-Hotline Tel. 030/55 57 69 11, www.usedomrad.de).
Reiten: Der Tourismusverband bietet auf seiner Internetseite unter www.auf-nach-mv.de/reiten umfangreiche Informationen rund ums Reiten im Urlaub inkl. Reitwegen, Reitschulen und Reiterhöfe, die Gastboxen für Urlauberpferde vermieten.
Wandern: Alle Seebäder und Urlaubsorte haben zahlreiche kurze und lange Spazier- und Wanderstrecken ausgewiesen. Viele Routen stehen zum Download für GPS-fähige Endgeräte bereit. Entlang der Küste zieht sich der Europäische Fernwanderweg E 9 (Atlantik–Nordsee–Ostsee). Auf Rügen beginnt der Europäische Fernwanderweg E 10, passiert die Mecklenburgische Seenplatte und führt Richtung Süden über Brandenburg bis ins italienische Bozen. Ein berühmter christlicher Pilgerweg ist der in Stralsund beginnende Jakobus-Pilgerweg der hl. Birgitta von Schweden; die Gesamtstrecke beträgt 206 km. Einen Überblick hat der Tourismusverband unter www.auf-nach-mv/wandern zusammengestellt; Fernwanderwege siehe auch unter www.wanderbares-deutschland.de.
Wer gerne auf Entdeckungstour geht, aber nicht auf herkömmlichen Wanderwegen laufen möchte, kann sich die Broschüre „Bodendenkmale auf der Insel Rügen" von der örtlichen Tourismusinformation geben lassen oder alle Informationen unter www.ruegen-inselinfo.de, Stichwort Bodendenkmale abrufen. Dort wird erläutert, wie man mit öffentlichen Verkehrsmitteln möglichst nah an vorgeschichtliche Großsteingräber, Opfersteine und slawische Wallanlagen fahren kann. Mithilfe der angegebenen GPS-Koordinaten findet man das Ziel recht zuverlässig. Herausgeber dieses Faltblatts ist der Landkreis Rügen.
Wassersport: Die Bademöglichkeiten sind enorm vielfältig, die Strände oft angenehm flach, sodass auch Kinder und Ältere bequem ins Wasser kommen. Strände, die die DLRG bewacht, werden beflaggt. Segler, die nicht mit dem eigenen Boot unterwegs sind, können Boote fast in allen Klassen leihen. Die Internetseite www.ostsee-charter-yacht.de informiert rund ums Segeln, Mitsegeln und den Seewetterbericht. Einen Überblick bietet auch die Internetseite www.auf-nach-mv.de/maritim.de. Hier werden auch Trendsportarten wie Kitesurfen (s. auch DuMont aktiv S. 95) und SUP (stand up paddling) umfasst. Tauchen ist an mehreren Küstenstädten möglich. Vor allem das Wrack-

Hanse Sail: Beim jährlichen Windjammertreffen teilen sich in der Hansestadt Rostock die Traditionssegler und die Kitesurfer das Wasser.

tauchen vor der Kreidefelsen-Küste Rügens hat seinen Reiz. Über Tauchbasen informiert der Tourismusverband unter www.auf-nach-mv.de.

Unterkunft

Hotels und Ferienwohnungen: Traditionell ist die Ostseeküste von Mecklenburg-Vorpommern eine Hochburg des Ferienhaus-Tourismus. Hotels und Pensionen finden sich in allen Preisklassen, eine Auswahl finden Sie auf den Infoseiten. Ist die Küste im Sommer ausgebucht, hilft der Blick ins Hinterland. Dort ist es zudem deutlich billiger. Auch saisonal sind die Preisunterschiede enorm. Campingplätze und Jugendherbergen sind zwar preisgünstiger als Hotels, aber gemessen am übrigen Deutschland doch eher teuer. Onlinebuchung von Hotels, Ferienwohnungen und Hausbooten, von Familienferien und Urlaub auf dem Lande sind möglich über das Internetportal des Tourismusverbands Mecklenburg-Vorpommern www.auf-nach-mv.de.

Preiskategorien

€€€€	Doppelzimmer	über 150 €
€€€	Doppelzimmer	100–150 €
€€	Doppelzimmer	70–100 €
€	Doppelzimmer	unter 70 €

Spannend: die Tauchgondel in Zinnowitz

Camping: Zelten war in dieser Region schon zu DDR-Zeiten äußerst beliebt. Heute steht eine große Zahl an Campingplätzen und Wohnmobilstellplätzen zur Verfügung, allerdings nicht auf Hiddensee. Auskunft erteilt der Verband für Camping- und Wohnmobiltourismus in Mecklenburg-Vorpommern (VCWMV e.V., Konrad-Zuse-Str. 2, 18057 Rostock, Tel. 0381/4 03 48 55, www.vcwmv.de).

Jugendherbergen:
Allgemeine Auskünfte erteilt das DJH Service-Center Mecklenburg- Vorpommern, Konrad-Zuse-Straße 2, 18057 Rostock, Tel. 0381/77 66 70, www.jugendherbergen-mv.de. Jugendherbergen vor Ort: Jugendherberge Binz (Strandpromenade 35, 18609 Ostseebad Binz, Tel. 038393/3 25 97), Jugendherberge Born-Ibenhorst mit Zeltplatz auf dem Darß (Ibenhorst 1, 18375 Born-Ibenhorst, Tel. 038234/2 29), Jugendherberge Greifswald (Pestalozzistraße 11, 17489 Greifswald, Tel. 03834/5 16 90), Jugendherberge Heringsdorf (Puschkinstr. 7–9, 17424 Seebad Heringsdorf, Tel. 038378/2 23 25), Jugendherberge Prora mit Zeltplatz (Mukraner Straße, Gebäude 15, 18609 Ostseebad Binz-Prora, Tel. 038393/ 6 68 80) Jugendherberge Sellin (Kiefernweg 4, 18586 Ostseebad Sellin, Tel. 038303/9 50 99), Jugendherberge Stralsund (Strandstraße 21, 18439 Stralsund-Devin, Tel. 03831/49 02 89), Jugendherberge Ueckermünde (Herbergsstraße 1, 17373 Ostseebad Ueckermünde, Tel. 039771/2 24 11), Jugendherberge Warnemünde (Parkstraße 47, 18119 Rostock, Tel. 0381/54 81 70), Jugendherberge Wismar (Juri-Gagarin-Ring 30a, 23966 Wismar, Tel. 03841/3 26 80) , Jugendherberge Zingst (Glebbe 57, 18374 Ostseeheilbad Zingst, Tel. 038232/1 54 65).

Register

Fette Ziffern verweisen auf Abbildungen

Impressum

3. Auflage 2019

Verlag: DuMont Reiseverlag, Postfach 3151, 73751 Ostfildern, Tel. 0711/450 20, Fax 0711/450 21 35, www.dumontreise.de
Geschäftsführer: Dr. Thomas Brinkmann, Dr. Stephanie Mair-Huydts
Programmleitung: Birgit Borowski
Redaktion: Robert Fischer (www.vrb-muenchen.de)
Text, Aktualisierung 2019: Dina Stahn, Stuttgart
Exklusiv-Fotografie: Olaf Meinhardt, Kreuzkamp
Titelbild: Toma Babovic/laif (Halbinsel Fischland-Darß-Zingst)
Zusätzliches Fotomaterial: S. 8/9 TerraVista/Lookphotos, 22 Heinz Wohner/Lookphotos, 23 o.M. picture alliance/blickwinkel, 23 o.l./o.r. Ralf Brunner/laif, 23 u.l./r. Adler-Schiffe, 31 u. picture alliance/akg-images, 75 o. DuMont-Bildarchiv/Sabine Lubenow, 75 u.l. DuMont-Bildarchiv/Sabine Lubenow, 76 u. DuMont-Bildarchiv/Sabine Lubenow, 84 DuMont-Bildarchiv/Sabine Lubenow , 90 u.l. Festspiele Mecklenburg-Vorpommern/Monika Lawrenz, 90 u.r. Festspiele Mecklenburg-Vorpommern, 91 u.l. Vineta-Festspiele, 91 u.r. Hanse Sail/Lutz Zimmermann, 93 u.l. DuMont-Bildarchiv/Sabine Lubenow, 93 u.r. Andreas Hub/laif, 94 o.r. DuMont-Bildarchiv/Sabine Lubenow, 101 u. DuMont-Bildarchiv/Johann Scheibner, 112 o.r. Georg Knoll/laif, 112 u.r. DuMont-Bildarchiv/Roland E. Jung, 114 u.l. Kinder- & Familienhotel Gut Nisdorf, 114 u.r. Gutshof Insel Usedom, 115 o.l. Ginko Mare, 115 o.r. Gutshof Insel Usedom, 115 M.l. Kinder- & Familienhotel Gut Nisdorf, 115 M.r. Gutshaus Stellshagen, 115 u.l. Gutshaus Stellshagen, 115 u.r. Haus Gaia, 119 DuMont-Bildarchiv/Sabine Lubenow
Vektorgrafiken: Doverstock (90 o.M.), fotolia (S. 114), iStockphoto (S. 5 + 113, 22 o.l., 22 u.r., 23, 61 o.), shutterstock (S. 43 o., 90 o.l./r.)
Grafische Konzeption, Art Direktion: fpm factor product münchen
Layout: Cyclus · Visuelle Kommunikation, Stuttgart
Cover Gestaltung: Neue Gestaltung, Berlin
Kartografie: © MAIRDUMONT GmbH & Co. KG, Ostfildern
Kartografie Lawall (Karten für „Unsere Favoriten")
DuMont Bildarchiv: Marco-Polo-Straße 1, 73760 Ostfildern, Tel. 0711/4502-266, Fax 0711/4502-1006, bildarchiv@mairdumont.com

Anzeigenvermarktung: MAIRDUMONT MEDIA, Tel. 0711 450 20, Fax 0711 45 02 10 12, media@mairdumont.com, http://media.mairdumont.com
Vertrieb Zeitschriftenhandel: PARTNER Medienservices GmbH, Postfach 810420, 70521 Stuttgart, Tel. 0711 72 52-212, Fax 0711 72 52-320
Vertrieb Abonnement: Leserservice DuMont Bildatlas, Zenit Pressevertrieb GmbH, Postfach 810640, 70523 Stuttgart, Tel. 0711 7252-265, Fax 0711 7252-333, dumontreise@zenit-presse.de
Vertrieb Buchhandel und Einzelhefte: MAIRDUMONT GmbH & Co. KG, Marco-Polo-Straße 1, 73760 Ostfildern, Tel. 0711 45 02 0, Fax 0711 45 02 340
Reproduktionen: PPP Pre Print Partner GmbH & Co. KG, Köln
Druck und buchbinderische Verarbeitung: NEEF + STUMME premium printing GmbH & Co. KG, Wittingen, Printed in German

FSC
www.fsc.org
MIX
Papier aus verantwortungsvollen Quellen
FSC® C001857

Hübsche Hafenorte wie Salo laden zum Bummeln am Lago ein.

Lüneburg gab der ganzen Region zwischen Elbe, Weser und Aller ihren Namen.

Lüneburger Heide

Ein Traum in Violett
Die schönsten Ansichten aus dem Naturpark Heide – und alle Infos dazu wo, wie und wann Sie die Heideblüte am besten erleben.

Zukunft der Bienen
Heideblütenhonig ist eine Delikatesse. Gespräch mit einem Imker über gegenwärtige Probleme und die Zukunft der Bienenvölker.

Landgasthöfe mit Flair
In der Rubrik „Best of ..." stellen wir Ihnen neben den tollsten Freizeitparks und den lohnendsten Naturführungen die besten Landgasthöfe vor.

Gardasee

Grandezza am Lago
Mondäne Bäder, Dampfer und Grandhotels verbreiteten um 1900 exquisites Flair. Mittlerweile knüpft man gerne daran an.

Delfin des Gardasees ...
... wird der blinde Alessandro Furioni genannt. Er durchschwimmt den Gardasee in allen Richtungen. Unserer Autorin Margit Kohl hat er seine Geschichte erzählt.

In bester Lage
Hotels direkt am See, schöner kann man nicht wohnen – und einige der Häuser sind sogar bezahlbar. Wir präsentieren unsere Favoriten.

www.dumontreise.de

Lieferbare Ausgaben

DEUTSCHLAND
207 Allgäu
092 Altmühltal
105 Bayerischer Wald
180 Berlin
162 Bodensee
175 Chiemgau, Berchtesgadener Land
013 Dresden, Sächsische Schweiz
152 Eifel, Aachen
157 Elbe und Weser, Bremen
168 Franken
020 Frankfurt, Rhein-Main
112 Freiburg, Basel, Colmar
028 Hamburg
026 Hannover zwischen Harz und Heide
042 Harz
023 Leipzig, Halle, Magdeburg
210 Lüneburger Heide, Wendland
188 Mecklenburgische Seen
038 Mecklenburg-Vorpommern
033 Mosel
190 München
047 Münsterland
015 Nordseeküste Schleswig-Holstein
006 Oberbayern
161 Odenwald, Heidelberg
035 Osnabrücker Land, Emsland
002 Ostfriesland, Oldenburger Land
164 Ostseeküste Mecklenburg-Vorpommern
154 Ostseeküste Schleswig-Holstein
201 Pfalz
040 Rhein zw. Köln und Mainz
185 Rhön
186 Rügen, Usedom, Hiddensee
206 Ruhrgebiet
149 Saarland
182 Sachsen
081 Sachsen-Anhalt
117 Sauerland, Siegerland
159 Schwarzwald Norden
045 Schwarzwald Süden
018 Spreewald, Lausitz
008 Stuttgart, Schwäbische Alb
141 Sylt, Amrum, Föhr
204 Teutoburger Wald
170 Thüringen
037 Weserbergland
173 Wiesbaden, Rheingau

BENELUX
156 Amsterdam
011 Flandern, Brüssel
179 Niederlande

FRANKREICH
177 Bretagne
021 Côte d'Azur
032 Elsass
009 Frankreich Süden Okzitanien
019 Korsika
071 Normandie
001 Paris
198 Provence

GROSSBRITANNIEN/IRLAND
187 Irland
202 London
189 Schottland
030 Südengland

ITALIEN/MALTA/KROATIEN
181 Apulien, Kalabrien
211 Gardasee, Trentino
110 Golf von Neapel, Kampanien
163 Istrien, Kvarner Bucht
128 Italien, Norden
005 Kroatische Adriaküste
167 Malta
155 Oberitalienische Seen
158 Piemont, Turin
014 Rom
165 Sardinien
003 Sizilien
203 Südtirol
039 Toskana
091 Venedig, Venetien

GRIECHENLAND/ZYPERN/TÜRKEI
034 Istanbul
016 Kreta
176 Türkische Südküste, Antalya
148 Zypern

MITTEL- UND OSTEUROPA
104 Baltikum
208 Danzig, Ostsee, Masuren
169 Krakau, Breslau, Polen Süden
044 Prag
193 St. Petersburg

ÖSTERREICH/SCHWEIZ
192 Kärnten
004 Salzburger Land
196 Schweiz
144 Tirol
197 Wien

SPANIEN/PORTUGAL
043 Algarve
093 Andalusien
150 Barcelona
025 Gran Canaria, Fuerteventura, Lanzarote
172 Kanarische Inseln
199 Lissabon
209 Madeira
174 Mallorca
007 Spanien Norden, Jakobsweg
118 Teneriffa, La Palma, La Gomera , El Hierro

SKANDINAVIEN/NORDEUROPA
166 Dänemark
153 Hurtigruten
029 Island
200 Norwegen Norden
178 Norwegen Süden
151 Schweden Süden, Stockholm

LÄNDERÜBERGREIFENDE BÄNDE
123 Donau – Von der Quelle bis zur Mündung
112 Freiburg, Basel, Colmar

AUSSEREUROPÄISCHE ZIELE
183 Australien Osten, Sydney
109 Australien Süden, Westen
195 Costa Rica
024 Dubai, Abu Dhabi, VAE
160 Florida
036 Indien
205 Iran
027 Israel, Palästina
111 Kalifornien
031 Kanada Osten
191 Kanada Westen
171 Kuba
022 Namibia
194 Neuseeland
041 New York
184 Sri Lanka
048 Südafrika
012 Thailand
046 Vietnam